T

大美
TINGZHOU
汀州

历史名城

主　编　郭为桂

执行主编　李文生　张鸿祥

社会科学文献出版社

SOCIAL SCIENCES ACADEMIC PRESS (CHINA)

序一

　　"一川远汇三溪水，千嶂深围四面城。"闽赣边陲要冲，一条唤作"汀江"的客家母亲河，孕育了一座古老而又美丽的山城——长汀。我对长汀的认识、了解以及倾慕由来已久，在省里工作时，就曾多次到长汀，感受到汀州客家文化的淳朴厚重、博大精深。及至履新龙岩，又几经访汀，饱含中原韵味的客家文化，丰富多彩、开放包容的风俗文化，彪炳史册、光照千秋的红色文化，天人合一、自然和谐的生态文化，让我深受感染和教育。

　　长汀，历史悠久、底蕴深厚，是久负盛名的历史名城。"唐宋元明清皆谓金瓯重镇，州郡路府县均称华夏名城"，从盛唐到清末，长汀都是闽西的政治中心、经济中心、文化中心。遥想当年，"十万人家溪两岸，绿杨烟锁济川桥"，商船码头、桨声篙影，"上河三千，下河八百"，一片繁华景象。古城墙、古城楼、古井、试院、文庙、天后宫、城隍庙等古迹，以及传统街区、家祠家庙、会馆、民居历经千年风雨古韵犹存，时刻诉说着古城汀州的过往，见证着古城汀州的辉煌。

　　长汀，文化厚重、璀璨多姿，是享誉中外的客家首府。自晋代"永嘉之乱"以后，客家先民背负中原文明，衣冠南渡，筚路蓝缕，将中原优秀文化带到闽山汀水，融入血脉、赋予浓情、世世沿袭、代代传承，凝结成独具魅力的汀州客家文化，使长汀成为客家传统艺术的策源地和传播中心。客家母亲河——汀江静静流淌，孕育了一代又一代客家儿女，而作为客家人发祥地和大本营的汀州，亦被誉为世界客家首府，成为海内外客家人寻根谒祖的圣地。

长汀，星火燎原、红旗不倒，是光耀神州的红军故乡。朱德总司令曾感慨道，在长汀的意外战果，是革命发展的转折点。土地革命战争时期，以毛泽东为代表的中国共产党人，在长汀进行了伟大的探索和实践，留下了红军入闽第一仗、红军第一个军团建制、中央苏区第一所红军医院、红军第一次统一军装、红军长征第一村等革命斗争史迹。中华苏维埃国家银行福建分行、闽西工农银行、中华贸易公司、中华纸业公司、中华织布厂、中华运输管理局福建分局等金融贸易机构相继在汀设立，长汀成为中央苏区的经济中心，被誉为"红色小上海"，对粉碎国民党反动派对中央苏区的经济封锁，发挥了巨大的作用。

长汀，山水秀美、景色怡人，是宜居宜业的生态家园。中华人民共和国成立以来，长汀人民持续发扬"滴水穿石，人一我十"的精神，采取一系列措施治理水土流失。特别是近年来，长汀人民牢记习近平总书记"进则全胜，不进则退"的嘱托，在更高起点上打造"长汀经验"升级版。昔日的火焰山，如今森林茂密、瓜果飘香，变成了花果山，实现了荒山到绿洲的华丽蜕变。长汀水土保持和生态建设的成功实践，被誉为"我国南方地区水土流失治理的一个典范"。

"追昔是要抚今，继往更需开来。"这些历史的足迹和时代印记，属于长汀，属于53万长汀人民，也属于闽西300多万老区人民，更是中华民族悠久灿烂文化的重要元素，历久弥珍。我们需要有这样一种书，从既往的实践探索中，记载城市的变迁、进步与成就，留住身边的美好，珍藏和重拾那些珍贵的记忆。"大美汀州"丛书由此应运而生，该丛书分《历史名城》《客家首府》《红军故乡》《生态家园》《长汀映像》5辑，上溯文明发端、下迄今日辉煌，是深度挖掘、高度提炼、广度宣传长汀悠久历史和灿烂文化的力作，也是系统反映长汀发展、全面反映长汀历史的百科全书和资料性文献。相信该丛书的推出，定将有益于引领广大读者走进长汀这座"客家博物馆"，汲取艰苦奋斗、开拓奋进的正能量；有益于提振广大闽西人民的精气神，使闽西人民以更加奋发有为的状态投身改革发展大潮，向全面建成小康社会的宏伟目标奋勇前进。同时，也期许有更多此类作品出现，更好地传承客家传统文化和红色基因、弘扬客家精神和红色传统，为建设机制活、产业优、百姓富、生态美的新龙岩做出新的更大贡献。

是为序。

中共龙岩市委书记　李德金

2016 年 7 月

序一

故事纷呈绘华章

　　一大摞文稿集结成 5 本样书摆在案头，拜读一遍后的印象是：厚重、精彩、气势恢宏；5 本书从多个分支文化的角度讲述了引人入胜的长汀故事，组合成洋洋大观之"大美汀州"丛书，我当为策划与编撰者点赞！

　　福建西部、闽赣边陲、武夷山南段，有一片 3099 平方公里的神奇土地，这里千山竞秀、群山叠嶂，物华天宝、人杰地灵。这便是古置汀州、今为长汀县的我的家乡。这片热土，始拓蛮荒、石器发蒙、汉代建属、西晋置县、盛唐开州，至宋元明清设置，均为州郡路府衙署，遂为八闽客家首府，"阛阓繁阜，不减江浙中州"。在漫长的历史文明进程中，汉族客家民系客家人于此聚族生息、客居安家，孕育了勤劳智慧勇敢敦厚的汀州儿女，衍生了历史名城文化、客家文化、红色文化、生态文化、美食文化、乡土文化等文化基因，促成了汀州这片神奇乡土的繁华与荣光，书写了大美汀州无穷的传奇故事。

　　作为文明发祥勃兴之地，自蒙启鸿荒而生生不息，毓炼着人类文明秉性，穿越青史风尘而告别昨天来到今天。天缘地幸之汀州古城，便理所当然要成为国家级"历史文化名城"。1000多年前盛唐的那位"太平宰相"张九龄做客其时汀城"谢公楼"后,情不自禁写下《题谢公楼》,由此使谢公楼铭刻于文学、铭刻于历史。更甚者,这位曲江公竟要将汀州与他深爱的故土相比,不得不说:"景色虽异,各有千秋,此地不亚于岭南风光。"这就是名城之历史、历史之名城!曾有人百思不解汀城的"十二城门九把锁",京城才有"九门"呢!还有那"观音挂珠"的城池,好像在张开博大胸襟、笑吟吟迎接客人。唐宋城楼、明清古街,如是历史文化加名城,实至名归矣!

当年南迁汉民,披荆斩棘、筚路寻梦,在困境之际,是汀州母亲接纳抚慰了他们,从而得以安身立命、养欣一方。于是,飘零的心在这里依偎,暖融融的炊烟在这里升腾,文明的薪火在这里燎燃。于是,发源于此的汀江成为客家母亲河,世界客属循年聚此公祭朝拜,客家人用慈茂恩深的赤诚,熔铸了慎终追远、博大雍容的客家文化风情。

1938年,国际友人路易·艾黎来到长汀创办了"中国工业合作协会",一番考察之后感叹:"中国有两个最美丽的小城,一个是湖南凤凰,一个是福建长汀。"是啊,长汀至美,"一川远汇三溪水,千嶂深围四面城",风光旖旎、诗情画意,山、水、城、景、街、居均富古韵,怎不让人流连忘返。而那城建格局与景观形成的"三山对三景,三水一轴线",使城在山中,江在城中,真道是:水为根、绿为主、文为魂、人为本,怎个"最美丽的小城"了得!

1937年,朱德总司令在延安深切地对采访他的史沫特莱直言,在长汀的意外战果,是革命发展的转折点。[1]当年长汀的"闹红",曾使党中央把长汀作为"首都"的首选地,后来长汀成了红色政权的"经济首都",作为苏维埃共和国的"第一市",被誉为"红色小上海"。苏维埃的几十个"第一个"在这里诞生,建立新中国的几十位元勋,包括毛泽东、周恩来、

1 转引自〔美〕艾格妮丝·史沫特莱《伟大的道路》,梅念译,东方出版社,2005,第288页。

刘少奇、朱德、邓小平、陈云等，均在这里留下战斗的足迹，长汀被称为"毛泽东思想策源地之一"，也是长征征程的"出发地之一"，更被红军战士们亲切地称为"红军故乡"。毛泽东喜欢红色，"红旗跃过汀江""风展红旗如画"，红色是中国共产党人革命的代名词。长汀是孵化红色文化的红土地，是革命的人们抒发红色情怀、传承红色基因、弘扬红色精神、释放红色能量的"红色家园"。

中国人特别推崇的"五行"文化思想中，有两个基本元素，这就是"水"和"土"。如放到人类生存的地球来考量，火（能源）、金（矿产）、木（森林）、土（土壤）形成的是"大土地"，它与"水"组成了辩证关系。所谓"五行"，实际是讲人与大自然的关系在很大程度上不过就是"水土"关系。于是便有了"服水土""一方水土养一方人"等格言。上苍恩泽，长汀原本属于水资源还算丰富的地方，处于中亚热带季风气候区，多年平均降水量达 1737 毫米，年平均水资源量有 41.57 亿立方米，流域面积50 平方公里以上的河流有 17 条，地下水资源也还丰富。从"土"的情况看，地貌以低山为主，低山丘陵占总面积的 71.11%，其中红壤占 79.81%。可见，长汀的"水"与"土"相辅相成，原本是"水土相服"，故才有了较佳的生态系统，才构成了那一派郁郁葱葱的"田园风光"。然而，事情总有两面性，长汀的生态环境也隐藏着特殊的脆弱性。其一，在气候方面，降水集中，年际变化又大，且多暴雨，常造成大面积的洪涝崩山，自然灾害不断；其二，在地质与土壤方面，由于境内成土岩主要为砂质岩、泥质岩、酸性岩类，其风化物发育而成红壤和黄壤，一旦坡地植被遭受破坏，土壤侵蚀就迅速加剧；其三，在地形方面，地貌类型以丘陵、低山为主，恰好最易造成水土流失。加上人为的战乱、乱砍滥伐、无度开发等因素加重了植被人为破坏，从而使长汀成了我国南方花岗岩地区水土流失最为严重的区域，"柳村无柳、河比田高"，水土流失面积最高曾达到全县国土面积的 31.5%。

有着战天斗地精神和革命传统的长汀人民，于是展开了顽强的水土治理的长期抗争。尤其是改革开放以来，几十年的薪火不断。1999年时任代省长的习近平同志提出："要锲而不舍，统筹规划，用10年到15年时间，争取国家、省、市支持，完成国土整治，造福百姓。"一场水土治理攻坚战全面打响，终于赢得了春华秋实。2012年1月8日，习近平同志做出批示："要总结长汀经验，推进全国水土流失治理工作。""长汀经验"继而传遍神州大地。几十年来长汀人民坚守励精图"治"信念，谱写了一篇篇感天动地的水土治理华章，描绘着长汀"生态文化"的传奇。

《列子·天瑞》中有句话："有人去乡土、离六亲、废家业。"自此，乡土二字便与一个人的出生地关联起来，乡土也被叫作故土、本土，每个人提到这二字都会感觉是那样的亲切、温馨，也希望获得与乡土有关的文化知识。我清楚记得在中学初中阶段，历史老师给我们这些青少年讲授"长汀乡土文化"的情景。睿智的老师还自行编了本薄薄的"长汀乡土知识教材"，带领着我们去参观城郊的"蛇王庙"、城里的"天后宫"，生动地为我们讲述汀州奇特的"严婆崇拜"等。于是，长汀的乡土文化便扎根在我们细嫩的心灵中、发芽在我们的心田里；于是，故土庄严、家乡情结伴随着我们的人生。

是的，一个人出生地相关的历史地理、民俗风情、传说故事、古建遗存、名人传记、传统技艺、村规民约、家族家谱、古树名木等，对于生于斯长于斯的人们来说，具有通灵之性，能陶冶情操、传承渊源，这便是作为文化一个分支的"乡土文化"。乡土文化是中华民族得以繁衍前行的一种精神寄托和智慧结晶，是民族凝聚力和进取心的一种重要动因，是区别于其他文化的唯一特征，是难以替代的无价之宝。长汀是乡土文化的肥沃之土、天成宝库。难能可贵的是，丛书对此也占有一定的分量，体现出长汀的文风丕振、福地洞天。

长汀故事的素材何其多、何其足，长汀有着讲不完的故事！如今，人们可以通过这套丛书去深情领略、细细品味，感心动容地去抚摸这"大美汀州"。谨此，我们要真诚感谢福建省委党校和长汀县的主事者及丛书的所有写作者们。

一年多前，曾有媒体将当年路易·艾黎所盛赞的中国两个最美小城做出对比，写出专文《从凤凰传奇，看长汀能否重生》。文中指出："同样是外国友人眼中的最美小城，如今凤凰古城已经是全国鼎鼎大名的旅行地，相比之下，闽西长汀的知名度相距甚远。"

真乃一语中的！"相距甚远"的原因自然多多，主客因素也诚然不少，但这"知名度"的差距的确也是关键所在。

习近平总书记一再倡导讲好中国故事，并亲身践行，他强调要提升我国软实力，讲好中国故事，做好对外宣传；还特别指明，文艺工作者要讲好中国故事、传播好中国声音、阐发中国精神、展现中国风貌，让外国民众通过欣赏中国作家、艺术家的作品来深化对中国的认识、增进对中国的了解。总书记提出的这个重要命题，值得我们认真领悟。治国如是，地方治理亦然！故事比那些抽象的概念、直接的宣示更吸引人、感染人，也更让人深悟其中之道。会讲故事是一种能力、一种水平，各级领导尤应有这种智慧。我们欣喜地看到长汀主事者们的这种能力、这种水平、这种智慧，真乃家乡幸甚！

丛书主编方再三邀我写序，盛情难却，写下这许多，就教于读者。权以为序。

谢先文

2016 年 5 月 1 日于福州

序二

　　"天下水流皆向东，唯有汀水独向南。"汀江水悠悠流淌，庇护着客家人开基、创业、繁衍、生息……汀州城枕山临溪，默默承化，成就了历练千年的历史名城、名扬天下的客家首府、光耀神州的红军故乡和红军长征出发地、南方水土保持的典范。

　　汀州，向来从容淡定，以自身的魅力连接历史，走向未来。窄窄的街巷、仄仄的青石板诉说着历史的沧桑。汀州，自唐始设州，至清末均是州、郡、路、府所在地，古代闽西的政治、经济和文化中心。不必说"十万人家溪两岸"，不必说"十二城门九把锁"，这些都不足以描绘当年她那万商云集、车水马龙的繁盛景象。就单单那规模宏大的汀州古城墙、精美绝伦的汀州试院、独具匠心的汀州文庙、古色古香的店头街……历经岁月淘洗愈显古韵风情。难怪新西兰国际友人路易·艾黎发出这样的感叹"中国有两个最美丽的小城，一个是湖南凤凰，一个是福建长汀"。

　　历史选择了汀州，汀州选择了客家。"永嘉之乱"后，成千上万中原汉人为了躲避战乱、灾荒，衣冠南渡，几经跋涉来到汀江流域开拓创业，历经三次南迁，后定居于汀江流域，在与原住民相互融合中，最终形成汉民族中一支独特的民系——客家。漫步在古家祠、古家庙、古会馆、古府第等客家建筑群中，悠扬的客家山歌从远处传来，淳朴的客家民风映入眼帘，诱人的客家美食香气扑鼻，你会知道汀州与客家已完美融合在一起。重重叠叠的大山没能挡住汀州客家包容的胸怀、开放的目光，客家人沿着汀江乘风破浪，遍布五湖四海，成为世界上分布最广的民系之一，从此客家母亲身负襁褓、翘首以盼的慈祥形象成为客家人永远的乡愁。

汀州定然没有想到，会与红色结缘，成为叱咤风云、造就英雄的革命圣地。1929年1月，毛泽东、朱德率领中国工农红军第四军，从井冈山出发，3月入闽，并在长岭寨取得了红四军入闽第一仗的重大胜利，一举解放了汀州，建立了中国第一个红色县级政权——闽西苏维埃政府，红军在此得到补充休整和发展壮大。数万汀江儿女义无反顾参加红军，开始了震惊中外的万里长征。在血与火的洗礼中，仅长汀县就有在册烈士6677人，涌现了张赤男、罗化成、段奋夫、王仰颜、陈丕显、杨成武、傅连暲、童小鹏、梁国斌、黄亚光、张元培、何廷一、吴岱等许许多多无产阶级的忠诚战士，他们和长汀人民一道为中央革命根据地的创建和红军长征的胜利做出了巨大牺牲。

历史的光环一直引领着汀州百姓，先辈的精神一直激励着老区人民。作为我国南方红壤区水土流失最严重的县份之一，长汀人民始终"听党的话，跟党走"，用三十年坚守一个绿色梦想，用三十年诠释一种长汀精神，用三十年总结一条长汀经验。"滴水穿石，人一我十""党政主导、群众主体、社会参与、多策并举、以人为本、持之以恒"，历史再一次把汀州推向舞台中央。2011年12月10日和2012年1月8日，习近平同志先后两次就长汀水土流失治理和生态建设做出重要批示，长汀实践也被水利部誉为福建生态省建设的一面旗帜、我国南方地区水土流失治理的一个典范。

美哉，汀州！令人神往的山，令人陶醉的水，令人留恋的城；壮哉，汀州！让人沉思的底蕴，让人赞叹的文化，让人景仰的精神。"大美汀州"丛书是了解汀州的一个窗口，是一部生动的地方人文教科书，在新的历史时期具有重要的现实意义和时代价值。相信该丛书的推出，定能激励和鼓舞全县 53 万老区人民坚定长汀自信，在新长汀建设征程中再续传奇、谱写华章。

中共长汀县委书记　廖深洪

2016 年 7 月

目录

CONTENTS

第一章

文明足迹

大美汀州 | 历史名城

山深林密、云水苍茫的汀江两岸，活跃着我们祖先的身影。考古发现长汀先民在两三万年前就居住在汀江两岸，及至古越先民和猺畲民族，他们用勤劳和智慧，创造了长汀的古代文明。在长汀出土了大量的新石器文化遗址，这些古代文化遗存，像一颗颗光芒闪烁的珍珠镶嵌在汀江两岸的乡野丛林。

　　奔流不息的汀江，孕育了汀州的远古文明，孕育了勤劳、勇敢的汉族客家民系，孕育了享誉世界的客家文明。数千年沧桑岁月，汀州这片神奇的大地，绽放着璀璨夺目的文明之花。

第一节
史前文明

长汀位于北纬25°18′40″～26°02′05″，东经116°00′45″～116°39′20″，地处武夷山脉南麓的闽赣交界处，与江西瑞金毗邻，是福建的西大门。长汀境内众山环绕，群峰连绵。这里土地肥沃、资源丰富、风景秀丽、气候宜人。千百年来，勤劳勇敢的长汀人民，用智慧和汗水，在这块土地上浇灌出丰富多彩的文明之花，1994年长汀被国务院公布为第三批国家历史文化名城。

让我们穿越时光的隧道，走进这块古老、神奇的土地，打开尘封已久的记忆，一起去寻觅祖先们创造的远古文明，去聆听那来自远古汀州的歌声。

长汀是福建古代文明的发祥地之一。据考古发现，长汀至少在两三万年前就有人类活动，有着众多的史前遗址。新中国成立初期，在汀江流域两岸的山谷和坡地，考古发现了130多处新石器时代遗址和大量出土文物。1955年在长汀河田镇考古发现新石器时代遗址12处，发掘出大量的石器和陶片，其中新石器出土文物就达1310件之多。1958年，在长汀三洲、濯田的汀江两岸考古调查，发现新石器文化遗址109处。1980年，在长汀城的北山和城北的莲花湖的山坡地发现新石器文化遗址132处。2002年，考古专家在进行古闽越文化调查中，在河田镇的郑坑

3

村采集到旧石器石制品 5 件，在南山镇大田村采集到旧石器石制品 7 件，填补了长汀旧石器石制品的空白。2003 年，福建省的省市县三级考古工作者在进行龙长高速考古调查中，共在长汀发现史前文化遗址 17 处。其中，在策武乡的红岭峃、麻坡岗、风雨亭连续发现许多旧石器时代和相当于中原商周时期的人工打制的石器和部分黑陶器；随后又发现了不少新石器时代中期和战国时期、秦汉时期的遗物。这次龙长高速沿线的考古调查，把古汀州有人类的历史提前到至今 3 万～2 万年前。2009 年，由福建省考古专家组成的考古队，对长汀进行了一次大规模的考古活动，取得了丰硕的考古成果。其中旧石器遗址的发现，填补了长汀旧石器遗址的空白。

所出土的石器，多达十几种，常见的有：常型石锛、有段石锛、无棱石锛、三角形石锛、薄边石锛、梯形石锛、弧形刀石锛、石凿、石箭镞、石枪头、石斧、石戈、石璋、石刀、石钻、石环残段、石器胚等。仅石

● 长汀各类出土文物

箭镞就分有背、无背、短阔、三棱、四棱等五六种。石斧也有长形的、方形的、有孔的多种类型。

这些史前人类活动的遗址和遗物，让我们仿佛回到了远古年代，置身于远古文化的天然博物馆之中。它告诉我们，在至今两三万年前，也就是旧石器时代晚期，我们的祖先就在这块土地上繁衍、生息。他们以砂岩和石英岩做原材料，通过磨制和锤击法制作各种大、中、小型的石制品，其制作技术已相当娴熟。抚摸这些祖先们的劳动和生活工具，心中油然升起一种对史前期人类斗天斗地艰难生存的感佩。

这些先祖的遗存足以说明，史前期的汀江，与黄河、长江流域一样，经历了新旧石器、青铜器、铁器三个时期，闪烁着远古的文明之光。尽管当时的生产力水平相当低下，但我们仿佛看到了祖先们忙碌劳动的身影，隐约听见了祖先们在与大自然相处中的呼唤！他们用力量和智慧创造了远古汀州的文明神话，并为后人开辟了一条从野蛮走向文明的光明之路！

金刚林洞旧石器遗址

金刚林洞旧石器遗址，位于长汀县庵杰乡涵前村叶竹排自然村，洞口朝东南，宽 3 米、高 2 米，山体坍塌的巨石将洞穴一分为二，内面圆形，直径 3 米、高约 7 米，巨石下的小裂隙有 5 厘米高，其余已被淤死，东壁有一条小缝隙可攀缘而入。钙华现象已停止，内洞残留较厚的堆积层和钙板层。发现有哺乳动物的管状骨、鹿骨和碎片等，年代为更新世晚期，埋藏类型估计为异地埋藏，为山顶动物骨骼冲刷下来形成化石所致，具有比较大的考古价值。

睡狮洞旧石器遗址

睡狮洞旧石器遗址，位于长汀县庵杰乡涵前村桐子坝对面的帽盒山西坡，洞口朝东，宽约 3 米、高约 4 米，洞口及洞穴东侧早期坍塌，主

● 金刚林洞旧石器遗址

洞呈长方形，右侧有一个支洞，主洞东北侧地势渐高，斜上为山体渗水通道，内有一兽形钟乳石，"睡狮洞"由此得名。2009年3月，调查发现主洞北侧钙板上有豪猪牙齿化石，石化程度较高，钙板股结紧硬致密。洞内存在丰富的第四纪堆积，钙华现象停止发育，以原地埋藏为主，该洞适宜古人类居住，具有较大的考古价值。

虎穴洞旧石器遗址

　　虎穴洞旧石器遗址，位于长汀县庵杰村涵前村光辉组后山的一处山坡上，原始洞口较大，朝东北，现留一个狭小洞口，朝东南，可容一人侧身滑下而进。2009年3月，发现了第四纪晚期的堆积，若干啮齿类动物化石肢骨和太平军将士的骨骸，据了解江姓村民为该洞内太平军将士后代，旧石器时代的堆积原地埋藏，具有较大的考古价值。

定光洞旧石器遗址

"定光洞哺乳动物化石地点"位于长汀县南山镇官坊村石峰寨东北侧山顶，有两个洞口，一南一北，与地面相对高度40米，洞内多钟乳，局部钙华继续发育。在北侧洞壁上发现梅花鹿颌骨化石。在洞址不远处有七星洞、九曲洞和另一个无名洞穴，九曲洞内的顶部钙板上发现许多翼手目化石，钙华继续发育，具有丰富的考古价值。

乌石岽新石器遗址

乌石岽新石器遗址，位于长汀县河田镇乌石岽。遗址分布在相邻的三座小山头上，相对高度200米，占地面积约2万平方米。采集有大量石镞、

● 乌石岽新石器遗址

石斧、石锛和黑衣陶片、灰硬陶片等。陶片纹饰有蓝纹、绳纹、双线网格纹、刻划纹、瓦纹、长短格纹等，可辨器形有罐、樽、盆、豆、篮等。另外还采集有汉代青铜镞、刀币、五铢钱、铁剪刀等。现为长汀县级文物保护单位。

社公壁新石器遗址

社公壁新石器遗址，位于长汀县河田镇芦竹村。遗址中心是略微隆起的土（山）包，相对高度 10 米，遗物分布面积约 1000 平方米。发现有约 0.5 米厚的文化堆积，采集有少量石镞和夹砂灰陶片、泥质灰陶片，可辨器形有罐、釜等。

游坊新石器遗址

游坊新石器遗址，位于长汀县河田镇游坊村当地称为庙子崈的山包上。遗址呈龟背形，相对高度 15 米，遗物分布面积约 3000 平方米。采集有少量石镞、石斧和夹砂灰陶片、泥质灰黄陶片、灰硬陶片。陶片纹饰有绳纹、曲折纹，可辨器形有罐、鼎等。

火焰山新石器遗址

火焰山新石器遗址，位于长汀县河田镇下修村。遗址是在一片开阔地隆起的山包，相对高度 54 米，遗物分布面积约 2500 平方米。采集有少量夹砂灰陶片等，陶片纹饰有曲折纹、麟纹、蕉叶纹，可辨器形有罐等。

屋背山新石器遗址

屋背山新石器遗址，位于长汀县河田镇寒坊村小寒坊自然村。遗址是在大片农田中隆起的呈馒头状的山包，西边为民宅道路，东边为农田。相对高度 40 米，遗物分布面积约 1000 平方米。采集有少量夹砂灰陶片，陶片纹饰有绳纹，可辨器形有鼎等。

崩山脑青铜器遗址

崩山脑青铜器遗址，位于长汀县大同镇黄屋村。遗址与西面师福背头山相连，东有汀江，西有 205 省道，为馒头形山包，西北—东南走向，相对高度 50 米，面积 500 平方米。采集有少量石锛和灰硬陶片等，陶片纹饰有网格单线纹、方格纹、篮纹、绳纹等。

下腾头青铜器遗址

下腾头青铜器遗址，位于长汀县涂坊镇赖坊村。遗址是一个山包，相对高度 20 米，遗物分布面积约 400 平方米。采集有少量石锛和灰硬陶片，陶片纹饰有网格纹、双线菱形纹，可辨器形有罐等。

黄竹竿青铜器遗址

黄竹竿青铜器遗址，位于长汀县涂坊镇涂坊村。遗址地处较为平坦的山谷间，遗物分布面积约 1000 平方米。采集有少量灰硬陶片，陶片纹饰有双线网格纹、网纹、刻划纹、瓦纹、绳纹，可辨器形有壶、樽、盆等。

红坊青铜器遗址

红坊青铜器遗址，位于长汀县涂坊镇红坊村。遗址位于破面山下的一个山包，相对高度 20 米，遗物分布面积约 3000 平方米。采集有大量黑衣陶片、灰硬陶片，陶片纹饰有篮纹、网格纹、方格纹、绳纹等，还有施黑衣陶片，可辨器形有樽、罐等。

涂坊青铜器遗址

涂坊青铜器遗址，位于长汀县涂坊镇涂坊村。遗址是一处带有小山丘的开阔地，相对高度 2 米，遗物分布面积约 8700 平方米。采集有石锛、石镞、陶纺轮和大量灰硬陶片，陶片纹饰有篮纹、绳纹、刻划纹、网纹、

9

双线网格纹、水波纹、菱格纹、方格纹，还有许多黑灰陶片，可辨器形有盆、罐、豆等。

后龙山青铜器遗址

后龙山青铜器遗址，位于长汀县南山镇大田村后龙山。遗址是平地隆起的小山包，呈馒头状，相对高度 20 米，面积约 3600 平方米。采集有少量石镞和灰硬陶片，陶片纹饰有网格纹、席纹、篮纹、双线菱格纹、回纹，可辨器形有罐、樽等。

背头山青铜器遗址

背头山青铜器遗址，位于长汀县南山镇五杭村背头山上。遗址是靠山的一片缓坡，相对高度 10 米，面积约 5000 平方米。采集有少量石镞和灰硬陶片，陶片纹饰有双线网纹、篮纹、方格纹、席纹，可辨器形有罐、樽等。

水圳坑青铜器遗址

水圳坑青铜器遗址，位于长汀县策武乡红江村。遗址地处两边是小山丘的中间，呈凹形小平地，相对高度 0.5 米，面积约 2000 平方米。采集有少量石锛、石斧和泥灰质陶片、灰硬陶片，陶片纹饰有乳丁纹、绳纹、曲折加点纹、方格纹等，可辨器形有鼎、罐等。

溪岸墩青铜器遗址

溪岸墩青铜器遗址，位于长汀县策武乡红江村。遗址为延绵不断的低矮山丘，山体呈马鞍状，相对高度 7 米，面积约 1500 平方米。采集有少量石镞和灰硬陶片，陶片纹饰有方格纹、篮纹、人字纹，可辨器形有罐等。

松仔岭青铜器遗址

松仔岭青铜器遗址，位于长汀县馆前镇汀东村。遗址在一片缓坡上，地势较为平坦，相对高度15米，遗物分布面积约2000平方米。采集有少量砺石和灰硬陶片，陶片纹饰有绳纹、曲拍纹、方格纹、弦纹、圆圈纹，可辨器形有樽、罐等。

第二节
古越先民

在远古时期就有人类在汀江两岸繁衍生息。禹贡九州时期，这里属扬州域，但直到三国之前，都没有有关长汀行政建置的记载，也没有当时人类活动情况、社会性质以及人种问题的记载。这里的祖先是谁？是谁划亮了远古汀州的第一缕火光？我们在寻觅，在探索！

河田乌石崀遗址是福建新石器文化的发祥地之一，这里丰富多彩的出土文物或许会透析一些长汀先祖的生命密码：尽管先辈们没有留下远古汀州的文字记载，但乌石崀大量的新旧石器文物和其他汀州出土文物告诉我们，生活在这里的汀州先民是古越族人。河田是汀江流域一个开阔的盆地，周围是海拔不高的起伏平坦的丘陵地带。乌石崀遗址所出土的大量印陶文物证明了这一点。考古学认为，以印纹陶为主要特征的东南沿海古文化遗存，是古越族（也称百越族）文化在物质文化形态中的反映。这种印纹陶和石锛、有段石锛的主人就是古越族人。这种印纹陶遗存，在长汀200多处的新旧石器遗址中都大量存在，充分说明了远古汀州生活的是古越族人。古越族人的身体与中原的华夏族人略有差异，身材稍矮，面部较短，眼形较圆……

这个论断也可从有限的历史资料中得到印证。《舆地纪胜》记载：汀江两岸树皆"三都"所居……"三都"是指人都、禽都、兽都，他们都以树窟为宅，其中人都所居最多。人都即为人类，是远古时期生活在汀江流域的土著蛮獠，也就是古越民族，南宋后改称为"畲民"。其他古代文献也提到新石器时代的汀州先民是古越族人。北宋《太平寰宇记》载："汀州……地多瘴疠，山都、木客丛萃其中。""山都""木客"就是指居住在汀州大山、丛林中的百越族人。

生活在远古汀州的古越族人掀开了这块神秘土地历史的第一页，开始了原始农业的生产，使长汀成为福建原始农业的发祥地之一。他们在新石器时代用自己制造的石锛、石斧、石镞、石齿、石环、陶环、石枪头、渔网坠、陶纺锤轮等劳动工具，过着农耕、狩猎的生活。他们在与大自然相处中，观察大自然现象，与黄河、长江流域的华夏民族一样从大自然的雷鸣电闪中取火，用石器的相互摩擦击打来点火，制造和运用陶器烹煮、烧烤食物，并开始储存煮熟的食品，从而提高他们的生活质量。随着生产力水平的提高，生活在远古汀州的古越族人开始有了自己简单的文字。在汀州河田遗址发现的一件刻在釉陶罐上的"十Ⅱ"就是一种原始文字，说明在新石器时代的晚期汀州先民已经开始使用象形文字和图形文字。它和中原地区出土的陶钵边沿上所刻的二三十种符号一样，应为中国原始文

● 蛇王菩萨塑像

字的起源。

汀州南部的河田、三洲发掘的祭祀坑中埋有陶器、石器等祭祀物品，汀州武平县发现了两把青铜剑、角钟、铜钟等祭祀用品，这些都说明远古汀州先民就有了祭天地、敬鬼神的风俗。他们以蛇为民族图腾，借此祈求大自然保佑平安。蛇是闽越族信仰的图腾，"闽"字里面的虫，即长虫，蛇也。虽然已经过去了数千年，但长汀依然保留了蛇图腾的遗迹及对蛇王的崇拜。最典型的就是长汀西门外的蛇王宫供奉的蛇王菩萨塑像（现由厦门大学人类博物馆收藏）。长汀老百姓认为蛇王菩萨是公正无私的象征，昔日长汀人若发生口角或争执，一时解决不了，就都会说："到蛇王菩萨那里去发誓"，由蛇王菩萨来判断是非。在长汀还有灵蛇山、灵蛇庙、蛇腾寺等，供奉蛇仙，这些都反映了对蛇的崇拜，是古越族蛇图腾信仰的遗存。

第三节
猺畬印记

　　关于汀州猺民的记载，所见史料不多，唯有刊载于清乾隆《汀州府志》中汀人范绍质所写《猺民纪略》，该文详细地介绍了生活在长汀的猺民生存状况。文章开篇即点出汀州猺民的所在："汀东南百余里，有猺民焉。"接着文章介绍了猺民村寨及房屋的特点："结庐山谷，诛茅为瓦，编竹为篱，伐荻为户牖。"很显然猺民是居住在汀州的山区，住的是用竹篱笆围起来的茅草屋。然后作者介绍猺民的男子"其男子不巾帽，短衫阔袖，椎髻跣足，黎面青睛，长身猿臂，声哑哑如鸟"，而猺民的女子则是"妇人不笄，饰结草珠，若璎珞蒙髻上，明眸皓齿，白皙经霜日不改"。男子长得黑黑的，头上不戴帽子，穿短衫赤脚；而女子则不梳髻子，用花草戴在头上作为装饰，洁白的皮肤，明眸皓齿。简短的文字将汀州猺民的村寨介绍得一清二楚，猺民人物形象跃然纸上。虽然猺民距离我们十分遥远，但是这篇纪略可以让读者从中了解猺民的许多信息。《猺民纪略》还生动描述了猺民的婚姻、农耕、狩猎、待客、祭祀、社交等诸多方面，这是目前研究汀州猺民生存状况最为经典的历史文献之一，具有很高的学术价值。《猺民纪略》文字不长，现全文抄录于下，以飨读者。（注："猺民"是封建时代对原住民侮辱性的称谓，后更改为瑶民。）

畲民纪略

（清）范绍质

汀东南百余里，有畲民焉，结庐山谷，诛茅为瓦，编竹为篱，伐荻为户牖。临清溪，栖茂树，荫翳蓊郁，窅然深曲。其男子不巾帽，短衫阔袖，椎髻跣足，黧面青睛，长身猿臂，声哑哑如乌，乡人呼其名曰"畲客"。妇人不笄，饰结草珠，若璎珞蒙髻上，明眸皓齿，白皙经霜日不改。析薪荷畚，履层崖如平地，以盘、蓝、娄为姓，三族自相匹偶，不与乡人通。种山为业，夫妇偕作，生子堕地，浴泉间，不避风日。所树曰棱禾，实大且长，味甘香；所产姜、薯、芋、豆、菰、笋，品不一；所制竹器有筐筥，所收酿有蜂蜜，所畜有鱼豕鸡鹜，皆鬻于市。粪田以火土，草木黄落，烈山泽，雨瀑交浏，田遂肥饶，播种布谷，不耘籽而获。精射猎，以药注弩矢，着禽兽立毙。供宾客，悉山雉、野鹿、狐、兔、鼠、蚓为敬。豺、豹、虎、兕间经其境，群相喜谓野菜，操弩矢注，不逾时，手拽以归。俗信巫事鬼，祷祠祭赛，则刑牲庀具，戴树皮冠，歌诋者言，击铙吹角，跳舞达旦。送死棺椁无度，

● 黄麻畲

号泣无文，三日而葬，远族皆至，导饮极欢而去。其散处也随山迁徙，去瘠就腴，无定居，故无酋长统摄。不输粮，不给官差，岁献山主租毕，即了公事，故无吏胥追呼之扰。家人高高，妇子嘻嘻，各食其力，亦无阋墙御侮之事。其性愿悫，其风朴陋，大率畏葸而多惧，望见衣冠人至其家，辄惊窜。入市贸布易丝，率俯首不敢睥睨，亦有老死不入城郭者。嘻嘻，是殆所谓山野自足，与世无求，与人无争者欤？按《桂海虞衡志》：猺本盘瓠之后。范晔《后汉书》：盘瓠，帝喾之畜狗，负少女入南山，止石穴中，生六男六女，织绩木皮，染以木实，以为服饰，号曰蛮夷。兹盘、蓝、篓故其遗种也，楚、粤为盛，吾闽有之，然不甚蕃，三五七家而已。庚子，陈大中丞檄县绘图以进，因记其略。

清代汀人巫宜辉还作诗歌《三猺曲》，将汀州猺民刻画得更加形象，诗作清新脱俗，脍炙人口。

● 上畲村

● 下畲村

三猺曲

（清）巫宜辉

一

农家新样草珠轻，璎珞妆成另有情。

不惯世人施粉黛，明眸皓齿任天生。

二

青山何地不为家，无数稜禾夹道斜。

更问一年鲑菜美，斑衣竹笋子姜芽。

三

生平射猎擅神奇，饱暖雄狐大见皮。

夜半酸莱闻角处，声声卷地雪风吹。

　　巫宜辉在这组诗作中，把猺民的山居生活描写得极为真实、传神。

　　第一首描写的是猺民女子"明眸皓齿""不施粉黛"，用"草珠""璎珞"

装扮的天然之美；第二首描写猺民居住于"稜禾夹道"的大山之中，种植"鲑菜"等，以竹笋、子姜为食；第三首描写了猺民"生平射猎擅神奇"的狩猎生活。短短三首共十二句诗作，就把猺民的生活形态活灵活现地展现在读者面前。

猺民是汀州唐宋时期的原住民畲族的先民，也可以说畲族是由猺民演化而来的。《猺民纪略》中提到"乡人呼其名曰'畲客'"，这里的乡人就是指汀州当地的老百姓，"畲客"是汀州人对猺民的早期称呼。清代杨澜著《临汀汇考》称"唐时初置汀州，徙内地民居之，而本土之苗，仍杂处其间，今汀人呼曰畲客"。毫无疑问，这里所说的"本土之苗"指的就是原住民猺民。《猺民纪略》在描述猺民的祖先时，称"猺本盘瓠之后。范晔《后汉书》：盘瓠，帝喾之畜狗"。这个说法与汀州畲族的祖先是"狗头太公"的传说相一致。到唐宋时期，长汀的畲族得到繁衍发展，猺民与土著融合成为畲族，畲族终于演变成为一个独立的民族，猺民的称呼终于退出了历史舞台，但是，猺民"狗头太公"的传说，却被畲族继承下来，成为一个历史的印记。

"猺民""畲客"都是畲族的先民。数千年风雨沧桑，直到唐宋时期畲民仍居住在汀州，并保留着自己的文化形态。

畲家诗

（清）长汀·杨浚

姜薯芋豆种山椒，叉木刈茅各打寮。

夜半腥风呼野菜，强弓毒矢竟相邀。

这首畲家诗，描写的是畲族的生活形态，与猺民是何等的相似！"绿蒲畲客饭，红叶女郎樵"这是杨澜在《临汀汇考》中引用朱国汉的诗句，赞美了畲族妇女勤劳的品德。据专家考证，畲族是唐宋时期闽西地区的原住民。他们在闽西的大山丛林中日出而作、日落而息，建设家园，传承畲族文化。

历史上几次重要的政争与战乱，如永嘉之乱、安史之乱、靖康之乱，造成中原汉人一次又一次的南迁大潮。大量的汉民来到闽粤赣地区，逐渐与当地畲族和少数民族相融相依。南迁汉人在人数上、经济上、文化上占优势，他们融合了当地原住民和少数民族，形成客家文化和客家民系。于是，汀州这片古老而神奇的土地，成为客家人和当地原住民的共同家园。经过汉畲融合，许多历史上的畲族村落，已经被完全同化为客家村落，但在村庄的名称上还保留了"畲"字，依稀可见畲族的远古信息。据专家考证，现在带有"畲"字的村庄，在中原汉人尚未到来之前，就是畲族人居住的村寨。在古汀州所辖的长汀、武平、连城、上杭、永定、宁化、清流、明溪八县中，地名中带有"畲"字的村庄达138个。长汀县带有"畲"字的村庄也保留了很多，如大同镇的黄麻畲村，策武镇翁家畲村，宣成乡的畲心村、上畲村、下畲村、中畲村，红山乡的牛畲村，童坊镇的新畲村，古城镇的芒畲村，四都镇的姜畲坑、上畲村，河田镇的红畲村，等等。这些带"畲"字的村落现在并无畲族居住，而是地地道道的客家村落，畲族只是历史的痕迹。目前，长汀县仅有一个地道的畲族村落，那就是地处长汀东北部的馆前镇黄湖村，算是先民融合的一粒遗珠。

第二章

灵秀山城

一方水土养一方人。作为第三批国家历史文化名城，长汀像一颗璀璨的明珠镶嵌在闽西的大地上，闪烁着独特的历史光彩。千年岁月的风风雨雨，涤荡了多少历史的尘埃，但由勤劳勇敢的汀州客家人亲手创建的历史古城长汀，在近世被誉为"中国最美丽的小城之一"的长汀，迄今仍在山峦水系环抱中，其壮丽城池的古韵风雅仍令人驻足流连。

第一节
古城形胜

　　长汀县城不是一个一般意义上的县城，而是一座比较特殊的中国历史文化名城。长汀县城的所在地，也是古代汀州府城的所在地。唐开元二十四年（736年）置汀州，同时置长汀县附郭。后来古汀州经历了三次搬迁，四易城址，唐大历四年（769年）才定址于现在长汀县城的所在地。唐大历四年，汀州刺史陈剑将州治从东坊口迁到现址，"筑土为城"。唐大中初年（847年）刺史刘岐始创敌楼179间，筑子城，称为"雄镇"。宋治平三年（1066年）第一次对汀州城墙进行大规模的扩建，城墙周长"五里二百五十四步"，开辟六道城门。明洪武四年（1371年），郡守笪继良"撤郡城增县城合郡县为一"，土城全部包以砖石，建女墙1195丈。崇祯九年（1636年），增修城墙675丈，实现了州县城墙合一。这种府城和县城共一个城的状况，一直延续到了民国初年。在近三百年的岁月里，汀州的称呼已代替了长汀的称呼，整个闽西甚至闽粤赣边都把长汀称为汀州。城墙以卧龙山为最高处，从卧龙山向两边延伸而下，将朝天门、五通门、惠吉门、宝珠门连接在一起，形成"佛挂珠"的走势。这个佛就是卧龙山，城墙恰似挂在佛胸前的珠串，因而人们将汀州城墙俗称为"佛挂珠"。由于城市扩大，城墙外移，广储门、镇南门"横蝥城中"，成为城中之门，两边的城墙被拆除，原先的墙基作为民宅用地，现今只留下"老城脚下"的地名。

● 清代汀州城池图

　　如今在长汀县城内的历史遗存中，除了有完备的县制遗迹外，还保留了许多府城建制的机构遗迹。比如在长汀县城中，既有府前街，也有县前街；既有汀州府文庙，也有长汀县文庙；既有汀州府城隍庙，也有长汀县城隍庙；既有汀州府学，也有长汀学县；等等。历史赋予了长汀如此丰厚的赏赐，她怎能不珍宝遍地、美不胜收呢！

　　寻觅长汀古城的风韵，我们不妨先阅览一下这个山川之间形意契合的城郭格局吧。

咏汀州

（宋）陈轩

一川远汇三溪水，

千嶂深围四面城。

花继蜡梅长不歇，

鸟啼春谷半无名。

　　这是宋代汀州太守陈轩写的《咏汀州》诗，这四句诗准确地描绘了汀州城的形势。汀州城地处万山之中，城中有山、山中有城是汀州城的一大特点。特别是卧龙山，因其构成了汀城的靠山，成为城区不可分割的一部分。传统社会风水术盛行，建设一座城市更是相信风水。昔日讲究前有照后有靠。"前有照"是指照壁，"后有靠"是指靠山，卧龙山便是汀城的大靠山。古时候没有开公路之前，卧龙山有一支山脉向北蜿蜒而下，最后贴近地面拐过弯来到西门外，过了西门外又缓缓抬起从罗汉岭一直跃上卧龙山顶，此山势称为"蛟龙伏地而起"，在此筑城意味着此城能龙腾九天，城市大有希望。且卧龙山正对着城南五里的宝珠峰，宝珠峰两边的山头下方是一个狭长的山凹，恰似"生命之源"，长汀人称之为"美女献花"。故汀城的古代衙门为癸山丁向，就是取这个风水。长汀城的选址，避开风水不谈，从适合人类居住的环境来说，古人为汀城的选址也是十分科学的。

　　登上卧龙山，俯览全城，尽收万千气象。

　　往东看，只见汀江从群山、阡陌间缓缓而来，陈轩诗的"一川远汇三溪水"中的"一川"，指的就是汀江。长汀城地处汀江的上游，"三溪水"指的是长汀东部的铁长河、庵杰河、馆前河，这三条河水汇入汀江，从东往南穿过城区。

　　往南看，只见一道屏障气势不凡，那是长汀县城正南边的南屏山和

25

朝斗岩。人们说，这两座山构成了长汀县城的"照壁"，正是这个硕大宽广的"照壁"，涵养着汀州城的阳气，护佑着长汀城中百姓们的安康。

往西看，只见连绵十几里的牛岭大山吞云吐雾，云雾外数十里便是江西省瑞金城。

往北看，一座山叠一座山，其中有长汀著名的天井山、半天崒，山之外便是宁化及石城的地界。

站在卧龙山顶往下看，只见长汀城街道纵横，民舍鳞次栉比，汀江如银练般从城中静静穿过。江上的六座石桥水东桥、五通桥、太平桥、

● 长汀全景

跳石桥、丰桥、旱桥沟通了城内汀江两岸的往来。站在卧龙山顶，有如站立在一个云雾环绕、万棵青松托起的高台之上，置身于如此不凡的气势之中，顿时觉得心旷神怡、胸襟开阔！

　　长汀县城就是这么一座山水连缀的人类栖息地，山水交织，形成"三山三对景，三水一轴线"的城市景观格局。

　　"三山"指城内的卧龙山、乌石山、拜相山，这三座山是城区内的三个制高点，同时又是"城中有山"的主要风景游览点。

　　"三对景"中的"对"，是面对的"对"，即汀城面对着三处美丽的自

然风景：一是汀城东郊的通济岩，二是汀城东北郊的老鹰崇，三是汀城南郊的朝斗岩。汀州古城北倚卧龙山，面对三处优美的景致，构成衬托古城边缘地带的美景。

"三水"是指城区的汀江、金沙河及西溪河。宋治平年间，引西溪水挖护城壕，城南百姓临水而居，构成"城南无山景，家家水临门"的景观。

"一轴线"指的是汀州古城历史建筑的中轴线。这条古代汀城建设中轴线为南北走向，北起卧龙山麓的汀州试院，穿过汀州古城门广储门，沿南大街至宝珠门。历史上的汀州府衙，就坐落在中轴线的北端，坐北朝南。从唐代开始，汀州城基本上按照这条中轴线向两边展开建设。随着时间的推移，汀州古城逐步扩大，终于拓展为现在的包括汀江两岸近20平方千米的范围。

长汀古城枕山临溪，汛期来临之际，汀江波涛汹涌，滚滚南去，长汀城就像波涛中的一艘巨船，而卧龙山恰似这条巨船上的风帆。民国《长汀县志·城市志》称长汀古城"高城固壁"，"府城半壁高挂山巅"，"山挂城垣似布帆"。

第二节
街巷坊间

有人把长汀县城形容为一本打开的历史书，那穿城而过的客家母亲河汀江就像是书的中缝，汀江两岸人烟稠密的城区就像是打开的硕大书页，而城中纵横交错的大街小巷，恰似那书页中一行行密密麻麻的文字。汀城的传统街区和历史街巷，经过千年岁月洗礼，依然古朴、厚重，成为长汀悠久历史的见证。

汀城十三坊

"坊"是古代对里巷、街市的称呼，俗称坊间。汀城有"十三坊"之称，历史上长汀城内及部分郊区共划分为十三块区域，分别以坊来命名。据《长汀县志》载："长汀旧编为十二里、四十六图、十三坊、五百一十村。"

历史上长汀的坊并不是一成不变的，它随着城市的变化而变化。南宋《临汀志》记载："市廛居民多在关外，营垒亦有在关外者，故城内坊才三，城外余二十。"当时汀州城内、城外共二十三个坊。随着时间的推移，特别是明、清时期汀州城池的扩大，许多以前属城外的坊后来演变为城内的坊，有些坊演变为一部分属城内一部分属城外。

汀城通常所说的十三坊是指福寿坊、高福坊、崇善上坊、崇善中坊、崇善下坊、攀桂坊、郎星坊、仁寿坊、鄞河坊、新丰坊、登俊坊、朱紫坊、金花坊。

按所处的地域，汀城十三坊可分为三类：第一类为全部在城区范围内的，有福寿坊、高福坊、崇善坊（上、中、下）、郎星坊、登俊坊、新丰坊等8个坊；第二类是一部分在城区，一部分在城郊，属插花地域的，有攀桂坊、鄞河坊、朱紫坊等3个坊；第三类是全部在郊区的，有仁寿坊、金花坊。现将十三坊介绍如下。

传统街区

汀城的街道自清末民初至今已历多次的改建扩建，随着时代的发展而发展。在清末民初时期，有大小街巷50余条，大致可分为大街、小街、小巷三种类型。

大街 宽约1.5丈（4～5米），主要有府前街（今兆征路中段）、十字街（今兆征路东段）、横岗岭、东门街、南大街、水东街、司前街、营背街等。

小街 宽一丈左右（约3.5米），主要有县前街（今南门街）、店头街（今建设街）、五通街、司前街、小关庙前（新丰街）、官店背等。

小巷 宽五至七尺（2米左右），主要有仓下巷、老城脚下、塘湾哩、五通庙背、东后巷、婆太巷、大井巷、清流巷、营背巷等。

长汀县城现存的明清时期以来的传统街区主要有：南大街街区、十字街街区、五通街街区、水东街街区、半片街街区、惠吉路街区、南门街街区、东门街街区和乌石山街区。这些街区街道宽3～5米，当年的路面用鹅卵石砌成，两侧房屋建筑以木质和土质结构为多，基本上是前店后宅，沿街两侧相向而建。店铺相当密集，一间挨一间。这些街区，有的沿城门延伸，例如东大街是沿着朝天门延伸，十字街是沿着御清门延伸，五通街是沿着五通门延伸，南大街是沿着广储门延伸，惠吉路是沿着惠吉门延伸，乌石山街是沿着丽春门延伸，这些街道在城内纵横交错，布局得当。有的沿城墙内侧而建，如惠吉路和五通街等都是例证。如今这些街区随着时间的推移早已不是主要街道了，但道路纵横、店铺密集的古老街区仍然反映了当年市井的繁华景象。

清代及清代以后形成的传统街区主要有营背街区、桥下坝街区。这些街区在汀江东南面，城墙以外（过去叫城外），随着城市的发展、人口的增加、商业的发展所建。这些街区的建筑特点是街道较宽，约1.5丈（4～5米），而且较长，两旁店铺都有骑楼，供行人遮阳避雨。清代街区的规模要比明代街区大得多，适应当时商业发展的要求。

1969年水东桥至西门口这段兆征路铺设了混凝土路面，这是长汀城第一条水泥路大街。1978年县人民政府建设局进行城市街道规划，兆征路、水东街、司前街、营背街主要街道规划路宽20米，并先后铺设混凝土路面。1987年又规划自营背口至西门口路面宽24米，在此期间，全城市区大小街巷都先后铺上混凝土路面，原来的石砌路面只保留乌石巷上下坡一段和跳石桥的桥面。

汀城的小巷

长汀县城现在的布局，是由六条主要街道以及与街道相连的众多街巷构成的。这六条主要的大街是水东街、营背街、十字街（现在的兆征路）、东大街、南大街和店头街。围绕这六条主要街道派生出来的街巷有数十条。街与街相连，巷与巷相通，街连巷、巷连街形成了城区四通八达的街市交通网络。长汀县城没有断头巷（即死胡同），有些街巷看似断头实际上往旁边一拐又通一巷。有些巷子尽头看似是一户人家，已无路可走，实际上穿过人家即到另外一条大街，这类情形在汀城比比皆是。

汀城的大街小巷分布于全城，街名巷名颇具特色，在一定程度上反映了汀城的历史和丰富多彩的传统文化。归纳起来汀城街巷的名称有以下几个方面的内容。

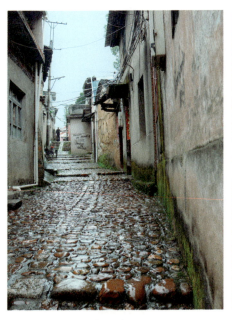

● 汀城小巷——汀江巷

● 汀城小巷——乌石巷

● 汀城小巷

● 汀城小巷——县前街

　　以姓氏命名的街巷：郭家巷、杨衙坪、邓屋巷、洪家巷、马屋巷、
萧屋塘边、刘衙巷、蒋屋巷、赖家巷、赖屋花园等。

　　以庙宇命名的街巷、地名：白马庙前、龙神庙前、府城隍庙前、灵
应庙前、镇龙宫前、夫人庙前、大丈夫庙前、观音庙前、五通街、五通庙背、

三官堂前、大关庙前、小关庙前、婆太巷、药王庙前、仙隐观前、真君庙前、社坛前、社下角、社公子下、定光寺前、斗母阁下、天后宫前、文昌宫前、文庙前街等。

以官府衙门机构命名的街巷、地名：府前街（位于汀州府衙门前）、县前街（位于长汀县衙门前）、镇台衙前、府背巷、右营衙、东关营、车子关、营背街、税课司前街、税课司背街、县学哩、府学前街等。

以传统手工业作坊命名的街巷、地名：铸锅寮下、牛皮寮下、豆豉坝、斗笠社下、打油巷、席稿坪、窑上、打铁巷等。

以商肆命名的街巷：店头街、冷铺前、新街巷、官店背等。

以江河山石命名的街巷、地名：汀江巷、鄞江街、塘湾哩、杨柳溪边、荷塘沿、乌石巷、横岗街、龙岩巷、清流巷。

汀城的桥梁

长汀县城地理环境特殊，城内有汀江与金沙河两条河流，又开挖西溪河绕城东上，形成护城壕沟，汀城被分割成了三块较大的区域。其一为汀江以北的旧城区；其二为汀江与金沙河之间长形的夹洲，现在的水东街、半片街；其三为金沙河以南的营背街、桥下坝街。这三块陆地之间人们的往来必须依靠桥梁，因而就形成了汀城桥多的特点。

太平桥 位于朝天门外，建于宋绍兴年间（1131～1162年），原名有年桥。乾道年间（1165～1173年），汀州郡守谢知几更造浮桥，桥上悬挂匾额，曰"太平彩虹桥"，因而得名太平桥。桥长三十九丈，宽二丈六尺，架木为数，以板构亭三十六间。汀江入城后分为二溪，一曰汀江，另一曰金沙，太平桥是城区内汀江上的第一座桥，是汀城东面大同东街、大埔、铁长诸乡镇村民入城的必经之桥。

水东桥 宋庆元年间（1195～1200年）由郡守赵伯创建，因桥建在汀州城门济川门之外，故名济川桥。该桥屡建屡毁，清光绪二十年

● 水东桥

（1894 年）重建石桥，于二十六年（1900 年）告竣，以余资在桥面盖造
篷店若干间，该店所收取的利息，用作修桥之用。民国 23 年（1934 年）冬，
遭日机炸毁，民国 24 年（1935 年）重修，曾改名中山桥。该桥是连接汀
城旧城区与新城区的主要桥梁。

丰桥　位于汀城东部，横跨金沙河之上，建于清康熙年间（1662 ～
1722 年），原为木桥。丰桥和太平桥一样是汀东新桥、庵杰、馆前、童
坊诸乡镇百姓进城必须通过的主要桥梁，是汀城金沙河上的第一座桥梁。

五通桥　位于汀州城门五通门之外，故名五通桥。原为木桥，屡建
屡圮。清光绪十年（1884 年），郭范氏独资重建，光绪二十年（1894 年），
岁贡卢成坚改名五通桥，两岸建桥亭，建店屋数间，收租备修葺费用。

泰安桥　俗称跳石桥，咸丰四年（1854 年）重修，架木围栏，民国

十七年（1928 年）重建，立桥祠。

旱桥 位于金沙河之上，建于五代时（907 ～ 960 年），原名建州桥，后重建更名惠民桥。明永乐年间（1403 ～ 1424 年）重建更名惠政桥。

● 五通桥

第三节
名城保护

文物古迹保护成为全县共识

长汀被公布为国家历史文化名城后，特别是《长汀县历史文化名城保护规划》公布以后，长汀县开始了大规模的名城保护和文物维修工作。"保护文物，爱我名城"，成为全县人民的共识。革命文物旧址的保护维修和历史文物古迹的保护维修，率先在长汀拉开了帷幕。

长汀是著名的老区，在土地革命战争时期，长汀是中央苏区的中心城市和经济中心，有"红色小上海"的美誉，众多老一辈无产阶级革命家在长汀开展革命斗争，留下了众多宝贵的革命旧址，成为当年革命斗争的重要历史见证。保护好这些革命旧址，是长汀各级领导和广大人民群众义不容辞的责任。

革命文物是长汀历史文化名城的重要组成部分，长汀革命旧址的保护维修一直得到中央、省、市的关心支持。从20世纪90年代开始，长汀革命旧址得到有效保护，取得了重要的成果。长汀著名的全国文物保护单位，例如红四军司令部、政治部旧址（辛耕别墅），中共福建省委旧址（中华基督教会），福建省苏维埃政府旧址（汀州试院），中央苏区第一所红军医院旧址（福音医院），福建省总工会旧址（张氏宗祠），闽西赣南第一个红色政权长汀县革命委员会旧址（云骧阁），福建军区旧址（师福村赖宅），共青团福建省委旧址，以及毛泽东、朱德、周恩来等伟人的旧居，在中央、省、市文物保护专家的直接指导下，上级主管部门下拨专项保护维修经费，按照修旧如旧的原则，得到有效保护维修。同时，根据2017年11月4日第五次修订的《中华人民共和国〈文物保护法〉》第十五条"各级文物保护单位，分别由省、自治区、直辖市人民政府和市、县级人民政府划定必要的保护范围，做出标志说明，建立记录档案，并区别情况分别设置专门机构或者专人负责管理"的规定，对以上革命文物旧址，做到"四有"，即有保护范围、有保护标志、有记录档案和有保管机构。

长汀县是著名的历史古城，地处闽西万山之中的汀州古城，汇集千年客家文化底蕴，积淀着一代代客家人的智慧，加上特定的地域条件，造就了闽粤赣边、福建西部的历史文化名城。独具特色的城市格局、保存完好的古城遗址、历史悠久的文物古迹、风格鲜明的客家民居、纵横交错的传统街区，都赋予千年古城无限的魅力。如今保留在长汀的众多历史建筑，是历史文化名城的重要体现。

长汀县结合城市的改造建设，对历史建筑进行了大规模的保护维修。一大批重要历史建筑如汀州府文庙、汀州府天后宫、汀州府城隍庙、长汀县文庙、朝天门及城楼、宝珠门及城楼、广储门及城楼、五通门及城楼、惠吉门及城楼、济川门及城楼等都得到保护维修。

在历史文物古迹的维修中，特别值得一提的是，长汀县广大人民群众的文物保护意识得到极大提高，许多离退休干部和群众纷纷自觉参与历史文物的保护和维修。他们在民政部门的批准下，成立文物古迹保护维修协会，大力开展文物保护的宣传和文物古迹的维修。广大人民群众自愿出钱、出力，使长汀县的文物古迹维修出现了"保护名城，人人有责"的可喜现象。以汀州古城墙的维修为例，一批离退休干部组织成立"汀州古城墙保护维修协会"，他们怀着修复家乡古城墙的梦想，从2002年开始，筹集资金 500 余万元，坚持十几年如一日，矢志不渝，维修汀州古城墙。他们的精神也感动了省、市有关部门和领导，这些部门和领导纷纷对汀州城墙的维修给予大力支持。汀州城墙终于恢复了原有的雄伟壮观风貌，受到国家文物部门的充分肯定。2012 年，主持维修汀州城墙的长汀县退休老干部游炳章当选为第五届"薪火相传——中国文化遗产保护年度杰出人物"。2013 年，国务院公布"汀州城墙"为第七批全国重点文物保护单位。

在长汀县城还分布着大量具有客家建筑特色的古宗祠和古民居，这是历史文化名城不可分割的组成部分。长汀县政府出台政策，鼓励民间集资维修古宗祠和古民居，在长汀城乡出现了群众自觉维修民间古建筑的热潮。一批极具地方特色的客家宗祠，如刘氏家庙、曾子祠、李氏宗祠、张氏宗祠、罗氏宗祠、郑氏宗祠、傅氏家庙、赖氏宗祠、王氏宗祠、上官氏宗祠、廖氏宗祠、吕氏宗祠、余氏宗祠、林氏家庙、观寿公祠等，以及河田宗祠一条街、三洲古宗祠群等，经过维修，恢复了客家宗祠古朴、端庄、简洁、大方的特色。许多具有客家特色的古民居如汀城吴宅、王丽川私宅、钟氏牛角屋等都得到有效保护维修。

如今，漫步在长汀古城街头，一座座庄严肃穆的革命旧址，披着历史的霞光，依然在向人们讲述那激情燃烧的岁月；一幢幢辉煌的古城楼、古宗祠、古民居，以悠远的历史积淀，装点着千年古城。

恢复"一江两岸"景观风貌

保护历史文化名城，恢复历史古城的传统风貌，一直以来是长汀各级领导的重大责任，也是长汀人民的强烈愿望。2012 年，长汀县成立"长汀县历史文化名城保护建设委员会"，开始统筹规划历史文化名城的保护建设。"名城委"成立后，顺应民心，所做的第一项工作，就是对长汀县"一江两岸"名城风貌景观的保护建设做出规划。

● "一江两岸"修复效果图

　　所谓"一江两岸"，是指长汀县城区汀江河段以及沿江的东岸和西岸景观带。景观带包括从太平桥至汀州大桥河段两岸的景观建设及航道疏通、恢复旅游航运功能，自太平桥开始，经泰安桥、水东桥、五通桥、梅林大桥，直至汀州大桥结束，贯穿6座大桥。核心景区从太平桥至汀州大桥，全长3003.15米，两岸建筑规划面积130027平方米，建筑占地面积65754.4平方米，建筑面积154646.9平方米。

　　2013年12月，中央城镇化工作会议提出："要依托现有山水脉络等独特风光，让城市融入大自然，让居民望得见山、看得见水、记得住乡愁"，"要传承文化，发展有历史记忆、地域特色、民族特点的美丽城镇。"中央会议提出的要求，成为指导长汀历史文化名城保护建设的精神。

　　长汀县委、县政府组织有关人员查阅了大量的历史文献，根据历史资料记载，准备在"一江两岸"景观中恢复重建原有的古码头、古寺庙、古城门和亭台楼阁，主要有朝天门广场、文昌阁、谢公楼、宋慈路、妈祖码头、大戏台、王阳明茅舍、上官周写生台、济川门、惠吉门码头、五通桥码头、水东桥码头、纪晓岚客栈、文天祥指挥台等历史景观。

还原长汀古城的历史风貌，绝对不是简单的复制。早期的文献和照片资料显示，吊脚楼是汀州沿江建筑的主要形式，而马头墙也是独具客家风格的建筑。客家人几经迁徙，在迁徙过程中不断学习和吸收各种文化元素，从客家文化中找到其他文化的影子，也是客家人包容兼蓄性格的历史必然。为了避免古城修复后过分浓厚的商业气息，在修复工程完工后，古城除了保留原住民居住，只供游客参观，而游客的住宿、消费将在"一江两岸"景区进行，以此来保护古城不被商业化吞噬。

截至目前，汀江黄屋大桥至五通桥河段清淤疏浚工程，太平桥双廊桥建设工程一期工程中的西岸牌楼、长廊、亭台、太平码头、功勋石牌楼建设及停车场建设工程已全部顺利竣工；大夫第建设工程已全部完成并对外开放；西岸艄公楼完成建设，已投入使用；西岸民俗馆现完成主体建设，正在实施装修；龙潭公园古戏台建设已完工并投入使用。

作为我县标志性的历史建筑，汀州古城门济川门及其城楼的恢复重建工作，于2014年11月完成主门洞幕墙建设，并顺利通车。木结构城楼的重建，也在2016年1月顺利完成。

四大历史街区的保护建设

四大历史街区是指长汀县城的店头街区、南大街区、东大街区和水东街区。这四条历史街区是长汀历史文化名城的重要组成部分，集中体现了汀州历史街区厚重的文化底蕴。

"四大历史街区"是长汀历史文化名城核心区的重要组成部分，该街区最早形成于唐代，历经1000多年历史，一直到民国初年都是长汀最繁华的街市。目前在该街区还留存着丰富的历史文化遗产，包括数十种传统手工艺作坊，散发着浓郁的传统文化气息。新一轮整治与开发就是要充分发掘这一优势，让传统文化进一步焕发新的活力，打造以特色的商

● 四大街区修复效果图

业、旅游观光、传统手工作坊和休闲民居为主的旅游街区，使之成为具有丰富的民俗文化生活和旅游价值的明清古街，让历史文化名城更具魅力，以此推动长汀旅游业的发展。

2014年以来，为进一步加大"四大历史街区"整治与开发力度，长汀县成立了四大街区保护修复开发办公室，分别从内设综合协调、环境整治、文创景观、开发与业态规划实施、文艺工艺挖掘等方面开展特色历史古街区保护开发工作。目前，保护与开发各方面工作有序推进，通过深入实地调研，先后完成了古街俚语挖掘、古装设计、南门景区旅游开发与业态规划方案及规划图等工作。下一步，将启动商铺经营俚语、古装等入驻工作，以及店头—五通街服务管理区、酒肆文化展示区、酒文化展示区、手工艺展示区、特色民宿区、宗祠家庙与古民居展示区的整治与业态入驻工作。

目前，长汀县历史文化名城"一江两岸"景观和"四大历史街区"的保护修复工程正按计划紧锣密鼓地进行。与此同时，为配合历史文化名城的保护建设工作，历史文化挖掘、整理，名城宣传等方面也取得了很大的成效。据不完全统计，目前已出版《古韵汀州》综合期刊7期（其中特刊一期），电视专题片40余部，时长近350分钟。2012年10月组建

● 四大街区修复效果图

大汀州客家民乐团，挖掘、整理了大量的汀州客家民间音乐，2013 年 7 月下旬，民乐团应邀前往澳门参加第二届澳门客家文化节活动取得圆满成功。还组织文化艺术方面的专家到长汀采访和体验生活，进行专题文艺创作，目前已创作长汀题材的歌曲近 20 首、大型音乐作品 1 部，已收集了大量的有关古汀州的图文资料，并已正式出版大型画册《大汀州》1 部、旅游宣传画册 3 本、旅游宣传片 4 部。

在长汀县委、县政府的领导下和长汀全县人民的共同努力下，长汀国家历史文化名城的保护建设迈上了一个新的台阶，在不久的将来，一座集历史文化、客家文化、红色文化、生态文化为一体的国家历史文化名城，将以美丽的容貌呈现在世人面前。

第四节
物产特产

丰富的竹木资源

　　长汀县是福建省著名的林区和竹区,山区森林茂密,盛产毛竹、杉、松、樟等树木和其他杂木,素有"木头县"和"毛竹之乡"之称。长汀杉木质量极好,特别是深山老林中的百年古杉,材质相当坚硬,因此当地出产的杉木被称为"汀杉",昔日广东的木材商人指名要"汀杉"。汀产的

● 竹林

棺木树材远近驰名,有"作棺椁甲天下"的美称。长汀还盛产樟木,昔日制作高档家具,雕刻各种门窗梁栋以及佛像,都需要樟木。长汀的松木资源也十分丰富,产量高,质量好。松木被大量用于造桥、打桩、造船以及各类的包装箱、木屋、工棚等。所以汀州产的杉木、松木、樟木是出口的主要木材。

昔日运输以汀江水运为主,扎木排放流木材。长汀的南寨、三洲、水口、羊牯等汀江沿岸都是主要的木材集中区。木材商人雇工人将木材扎成大木排,然后放排工人将木排放流至潮州、汕头。由潮汕木材商收购,潮汕木材商人再通过海上运输转运至广州、佛山一带销售。

2016 年的长汀林业部门资料显示,长汀全县林业用地 388.4 万亩,其中林地面积 372.3 万亩;林木蓄积量 2052.1 万立方米,森林覆盖率 79.8%。全县现有生态公益林 116.52 万亩。长汀是全国 100 个经济林示范县之一,也是福建省 2009 年现代竹业生产发展资金项目县,竹林面积 60.3 万亩。建成国家级生态乡镇 15 个、省级生态乡镇 17 个,省级生态村 63 个、市级生态村 195 个。

汀州土纸（玉扣纸）

汀州传统手工造纸有悠久的生产历史,早在唐末就出现了以竹为原料的手工造纸作坊,至明清时期汀州的造纸技术已经相当完善,造纸作坊遍布汀州的每一个乡村,成为农民的一大经济来源,也是汀州的重要出口外销货物。长汀县是福建省手工造纸第一大县,据 1993 年 8 月新编的《长汀县志·卷九·土纸》记载,民国 28 年（1939 年）统计的长汀全县造纸作坊有 620 个,遍布全县 100 多个村庄,年产纸 3190 吨；民国 35 年（1946 年）长汀全县有造纸作坊 625 个,产纸 3813 吨,约 10 万担。长汀生产的玉扣纸,自宋代以来长盛不衰,是中国手工造纸的名牌产品,在国际市场上享有盛誉,自宋代以来就畅销粤港。汀州客家商人通过汀江航运将土纸运到潮汕，然后从潮汕海运到广州，再从广州经海上丝绸之路销往港台及世界各国。汀州客家纸商在潮汕、广州等地开设纸行，大量从事汀州土纸的营销，成为在广东盛极一时的汀州纸业商帮。到明清时期，汀州土纸更是名声

● 汀州土纸

大噪，几乎垄断广东土纸市场，畅销港澳台、东南亚。昔日广东及东南亚华人社区所需的玉扣纸，他们只购汀州品牌，所以汀州生产的土纸，在每刀纸的边缘都盖有汀州造纸作坊长方形红色印章，以此作为标记。

据民国 24 年（1935 年）统计，当年汀州城的纸行、纸庄有 101 家。到民国 34 年（1945 年），发展到 125 家。这些纸行、纸庄几乎无一例外地都把土纸船运到广东，经海上丝路销往港台及东南亚各国。根据长汀县志记载，到清末、民国时期，汀州客家商人在潮州、汕头、广州、香港等地开设了数十家的纸行。

在汀州的手工纸产品中，以玉扣纸为佼佼者。汀州玉扣纸以纸色洁白、纸面光润、质地柔韧、张力均匀、拉力强、摩擦不起毛绒、色泽经久不变、不易被虫蛀、吸水性强等优良品质而著称，因而历来受到用户的欢迎，成为名牌产品。进入 20 世纪 70 年代，机器造纸兴起，长汀手工造纸逐步被机器造纸所代替。

笋干

长汀县是福建省著名的毛竹之乡，据 2016 年长汀县林业部门统计，长汀有毛竹林 60 万亩。因此每年都有大量的冬笋、春笋上市，成为长汀著名的特色产品。特别是长汀出产的笋干，成为汀州的传统山珍食品，

畅销海内外，也是汀州人馈赠亲友的佳品。

用春笋制作笋干，在汀州已有悠久的历史。汀州的笋干分为三种。第一种是用春天刚刚出土约一尺高的春笋，挖出后剥去外壳，清水漂煮后压制成扁平整块，晒干后呈半透明状，色泽金黄，称为"闽笋"。第二种是采用造纸用笋制作的笋干，所谓"造纸用笋"，指的是长汀造纸用竹纤维作为原料，春天待春笋长到 3 米左右高的时候，将竹笋砍伐下来，用于造纸。但其中竹笋尾部约二尺长的笋尾，十分细嫩，但其纤维少，不适合造纸。所以将笋尾剥去外壳，留下嫩笋，用清水蒸煮透后，在太阳下晒干，这种笋干称为"笋尾子"，十分鲜嫩、可口。第三种是将鲜笋切块，然后加入一定比例的黄豆，再加入适量的盐入锅蒸煮，煮熟后晒干，称为"笋豆干"，十分可口下饭，也是赠送亲友的佳品。

汀州笋干鲜嫩、脆爽，历来受到人们的喜爱。汀州红烧肉加笋干，成为传统食品，每逢佳节，宴请亲友，笋干红烧肉是必不可少的一道大菜。

香菇

汀州山区盛产的香菇，是汀州乡村的一大经济来源。过去汀产香菇多以自然菇为主，汀州山区山高林密，雨量适中，气候温和，成为自然香菇的良好生产地区。汀州香菇肉厚，大小适中，外形美观，因而成为各地香菇市场的抢手货，被称为"汀菇"，是香菇中的名牌品种。20 世纪 80 年代以来，人工栽培香菇在汀州得到推广。由于鲜香菇产于深山，过去为了保存、外销，都是制成干香菇，汀州人极难吃上鲜香菇。现在，人工栽培的鲜香菇一年四季供应市场，物美价廉，已经成为人们饭桌上的家常菜了。

长汀县政府大力扶植乡镇推广食用菌种植，据长汀县农业部门数据，2015 年长汀县食用菌种植达到 2000 万袋，产量 12497 吨，产值 1.2 亿元，成为长汀县乡镇农民脱贫致富的重要项目之一。

● 板栗林

板栗

汀州栽培板栗已有近百年的历史，是福建省板栗的产地之一。汀州板栗颗粒大，手感重，微甜，粉嫩，以"油光栗"和"毛栗"最为有名。"油光栗"外壳黑红透亮，外表光滑，犹如上了一层油；"毛栗"则外壳上有一层薄薄的细绒毛，白中泛红。过去汀州只有城郊的南寨以及策武乡盛产板栗，物以稀为贵，因而供不应求。由于板栗耐旱、耐寒，易栽培管理，而且种植后可几十年都有收益，所以近年来政府大力推广种植板栗，汀州板栗的种植已发展到十来个乡镇，板栗的产量大增，远销各地。

河田鸡

河田鸡原产于汀州河田，已有 300 余年的饲养史。河田鸡鸡体适中，成鸡约两公斤，鸡爪金黄，尾部毛色黑亮。河田鸡由于肉质细嫩、味道鲜美、鸡皮金黄、鸡肉雪白、蛋白质含量高而闻名，属中国五大出口名鸡之一。

● 河田鸡

长汀县政府十分重视河田鸡培育工作，专门建立了河田鸡研究机构，以优良纯种河田鸡雏苗供应市场，保证了纯种河田鸡的生产。1964年秋，在广州商品交易会上，汀州河田鸡被评为世界第二名鸡。1982年，长汀县河田鸡提纯复壮工作获得福建省科技成果三等奖。闻名中外的汀州美食"白斩河田鸡"，就是以河田鸡为主料。在本省的福州、厦门、泉州等城市，河田鸡成为农贸市场的抢手货。

据长汀县畜牧水产部门统计，2015年长汀县河田鸡年出笼达500万羽，产业产值达3亿元。

茶叶

汀州茶叶属红茶类，有悠久的制茶历史。客家人大多居住在山区，又具有汉族的饮茶习惯，因而客家人房前屋后茶树成林，茶叶飘香。

汀州茶叶主要根据产茶地点的不同分为涂坊茶、新桥石人茶、馆前东阳山茶、童坊茶、红山茶、四都茶等。由于制作方法不同又分为精茶、细茶、观音茶、苦茶等。过去由于交通阻隔，经济不发达，汀州茶叶大多自产自用，很少外销。新中国成立以后，特别是改革开放以来，政府大力提倡发展茶叶生产，在长汀县河田、南山、三洲、庵杰、铁长等乡镇，新辟了大片的茶叶生产基地，同时引进外地先进的制茶技术，招商引资引进台湾商人来长汀种植生产茶叶，使茶叶的产量大增，茶叶质量大大提高。尤其是汀产乌龙茶、龙门红、老区红等茶叶异军突起，成为长汀县知名茶叶名牌，每年都大批地销往省内外，大大增加了农民的收益。

据长汀县农业部门统计，2015 年长汀县果茶种植面积达到 22.3 万亩，产量 3.3 万吨，产值 1.4 亿元。

汀州杨梅

汀州的野生杨梅已有千年的历史，由于汀州山区土质肥沃、雨水充沛，非常适合杨梅的生长，野生杨梅树遍布全县各个乡镇。20 世纪 80 年代，

● 三洲杨梅林

为了加快水土流失治理工作，长汀县政府在长汀县河田镇水土流失区域推广种植杨梅，从此，人工种植杨梅在长汀拉开了序幕。

长汀县三洲镇也曾经是水土流失最为严重的区域，为了改变"山光、水浊、田瘦、人穷"的面貌，1993 年，长汀县林业局在三洲荒山上试种

● 长汀稀土工业园区

东魁杨梅 50 亩，从此改写了三洲的历史。2000 年以来，三洲党委、政府通过政府主导、群众主体、社会参与，种植杨梅 12600 亩，实现生态和经济双赢。万亩杨梅分布于全镇 6 个村 197 户，各户合作组建了 1 家杨梅协会、1 家公司、8 家合作社进行经营运作杨梅产业。三洲成为福建省

连片种植杨梅面积最大的乡镇。

2011 年，三洲杨梅产销协会还被授予全国科普惠农兴村先进单位。三洲杨梅是浙江黄岩杨梅的引种品种，紫红色，纵横径均为 2.96cm×3.18cm，核果比 4.2%，平均单果重 40 克，最大单果重 70 克，肉质较粗，汁多，酸甜适度，风味浓，可食率 93.7%，其主要表现为味甜、个大，比原产地浙江更为优秀。2012 年，三洲杨梅已成功申报无公害产品。2014 年申报三洲杨梅地理标志产品。目前已注册"三洲杨梅"和"丰盈仙梅"商标。

据长汀县农业部门统计，2015 年长汀县杨梅种植达 14000 亩，产量 5850 吨，产值 9360 万元。

稀土

稀土产业作为长汀县新兴的战略性主导产业，产值从 2010 年的 6.1681 亿元，快速增长到 2015 年的 44.4 亿元，5 年间增长了 6.2 倍。长汀县稀土资源丰富，主要分布在河田、三洲、濯田等几个乡镇，且多数为中钇富铕型稀土，中重稀土含量高，是十分珍稀、独特的稀土矿产品，具有分布广、储量大、配分好等特点，为发展高新技术材料的优质资源。根据福建省地质调查研究院 2009 年的数据，长汀县稀土资源远景储量在 50 万吨以上。为开发利用好宝贵资源，长汀县委、县政府利用内引外联等方法，2006 年率先引进厦门钨业有限公司落户长汀，信越化学、中石油集团公司等企业陆续落户兴建。

第三章

人文荟萃

长汀悠久的历史，为后世留下了十分丰富的文物古迹。千年岁月的流逝，洗涤了多少历史沧桑，但由勤劳勇敢的客家人创建的历史古城长汀却仍然城池壮丽，历史遗存比比皆是，文物古迹遍布全城，真可谓珍宝遍地，美不胜收！

第一节
文物古迹

古城遗存

汀州城墙

汀州城墙，始建于唐大历四年（769年），汀州刺史陈剑将汀州州治从东坊口大丘头迁到现址，"筑土为城"。唐大中初年（847年），刺史刘岐始创敌楼179间，筑子城，称为"雄镇"。宋治平三年（1066年）第一次对汀州城墙进行大规模的扩建，城墙周长"五里二百五十四步"，开辟六道城门。明洪武四年（1371年），郡守筻继良"撤郡城增县城合郡县为一"，土城全部包以砖石，建女墙1195丈。崇祯九年（1636年），增修城墙675丈。实现了汀州府城与长汀县城合二为一。扩建后的汀州城墙从卧龙山之巅向两边延伸而下，将朝天门、五通门、惠吉门、宝珠门连接在一起，形成佛挂珠的走势。所谓的佛就是卧龙山，城墙犹如挂在佛胸前的佛珠，因而汀州城墙得名"佛挂珠"。由于城市扩大后，城墙外移，广储门成为城中之门，两边的城墙自然移作他用，现只留下"老城脚下"的地名。1993年，长汀县政府拨出100多万元专款，对云骧阁至五通桥的古城墙进行维修。1996年古城墙被列为省级文物保护单位。2002年，长汀一批离退休干部，成立了"汀州古城墙文物古迹修复协会"，对汀州古城墙进行大规模的维修，集资500余万元，修复了城墙3000余米，并

● 全国重点文物保护单位——汀州城墙

修复城楼、瞭望台等,现已基本恢复古代汀州城墙佛挂珠的原貌。2013 年,汀州城墙被公布为全国重点文物保护单位。

朝天门及其城楼

朝天门,位于长汀城东大街,始建于唐代。城门为二进建筑。第一段进深 5.9 米,宽 4.48 米,高 4.62 米;第二段属明代扩建,进深 7 米,宽 2.85 米,高 3.12 米,现仍保存着明代城门槛上的木制拴斗。

据志载:"清顺治三年,汀入于清,城东曰朝天,城楼毁于兵火。汀州知府邵翼明重修。"城楼主体建于城门高台之上,层层飞檐,凌空高耸,列为长汀胜迹"东翘舒啸"。朝天门城楼为砖、石、木结构的双层楼阁,重檐歇山顶,占地 325 平方米,建筑面积 620 平方米。1996 年被列为省级文物保护单位。

广储门及三元阁

广储门始建于唐，宋时称鄞江门，明洪武五年(1372年）改鄞江门为广储门。明弘治十二年（1499年），汀州卫指挥张韬建广储门城楼。崇祯六年(1633年)城楼改名三元阁，面对汀州试院。取旧时科举制中的状元、会元、解元之意，希望汀州多出人才。据志载：三元阁"楼凡为间者七，架凡十五，四檐三层，楹凡一百四十八"。《杨滇记略》云："楼已成，但见城以捍外，楼以覆城，从台观于平地，城堞增辉，开户牖于半天，山川生色，可以壮威，可以御暴，可以浴心目而畅襟怀。"城楼1928年毁，1938年邑人募资重建，保留至今。

三元阁城楼以广储门城墙为底座，是座砖、石、木结构，重檐歇山式双层楼阁。底层面阔三间，明间靠后有一屏风。原先屏风后供奉一尊魁星塑像，手执朱笔，正对汀州试院，有镇文风、盛科举之意。二楼木

● 朝天门

● 广储门

板墁地，中间是大厅，走廊环绕四周，登楼凭栏远眺，北面的卧龙山，南面的宝珠门、宝珠峰尽收眼底，使人心旷神怡。

1999 年，长汀县结合县城西外街改造，对三元阁进行了全面维修。修葺后的三元阁城楼，耸立于广场中央，在周围仿古建筑的映衬下，更显其巍峨雄姿。1996 年三元阁被列为第四批省级文物保护单位。

宝珠门及其城楼

宝珠门，位于长汀县城南大街，始建于明嘉靖四十年（1561 年）。城门坐北朝南，为双重二进城门，第一重城门进深 8.72 米，宽 2.98 米，高 4.7 米；第二重门进深 5.71 米，宽 2.98 米，高 4.7 米。两重门之间有通道长 10.2 米，宽 4.21 米，两廊与马槽连接；正中空间为长方形天窗，形成独具一格的整体城门式样。城门之内设有马槽是宝珠门与其他古城门最明显的区别。古代，宝珠门是进入汀州城的主要官马大道，来往的官员、驿卒、信使的马匹到了宝珠门后便关在马槽内，交代专人喂养，出城时再从这里骑马离开。

明崇祯十年（1637年）正月，修筑宝珠门的月城，同时将汀州府前的"慈济阁"拆移于宝珠门城门之上，作为城楼。民国《汀州府志》载："十年正月，筑宝珠门月城，移府前慈济阁为楼。"宝珠门城楼为重檐歇山式单层建筑，占地876平方米，建筑面积454平方米。1929年3月14日，毛泽东、朱德、陈毅率领红四军首次入闽，长岭寨大捷消灭国民党郭凤鸣混成旅3000余人，随后朱毛红军从宝珠门进城解放了长汀城。1996年宝珠门城楼被列为省级文物保护单位。

五通门及其城楼

五通门始建于明代，位于长汀县城五通街，北靠五通公王庙，南临汀江，东连朝天门，西接惠吉门。历史上五通门城门之上有骑墙式单层建筑，该建筑双檐歇山顶，飞檐翘角，两侧还设有美人靠，已圮。1993年，长汀县政府在修复古城墙的同时恢复了五通门城门，恢复后的城门为单

● 宝珠门

● 五通门

进式，深 7.4 米，宽 3.1 米，高 4.15 米。1997 年，由退休教师筹资重建了五通门城楼。重建后的五通门城楼为歇山式四檐三层骑墙楼阁。

惠吉门及其城楼

惠吉门，始建于明代，位于长汀县城惠吉路（原名冷铺前），北通店头街，与兆征路相连，西为惠吉路，南临汀江。城墙向东西方向延伸，分别与五通门、宝珠门相接。惠吉门为二进式城门，总长 8.85 米。第一进长 5.4 米，宽 3.1 米，高 3.6 米；第二进长 3.45 米，宽 3.82 米，高 3.9 米。由花岗岩条石及城墙砖垒砌而成。

由于惠吉门面临汀江，城门外是重要的汀江码头，自古

● 惠吉门

以来是汀州商业街店头街连接汀江码头的重要通道，昔日大量的船运货物从惠吉门进出，十分繁忙。

历史上的惠吉门城楼已毁。2010 年重修了惠吉门城楼，重建后的惠吉城楼为歇山式四檐二层骑墙楼阁。

历史名筑

汀州试院

汀州试院，位于长汀县城兆征路 41 号。始建于宋，当时为汀州龙山书院，元代汀州卫设于此，明清时期为汀州试院，汀属八县的学子均在此应试考秀才。清末"汀郡中学堂"设于此，民国时期改为省立第七中学。

1929 年，毛泽东率红四军入闽，此处为工农红军办公用房。1932 年 3 月 18 日，福建省第一次工农兵代表大会在此召开，成立了福建省苏维埃政府，"省苏"政府机关设于此。

红军转移后，1934 年，国民党第 36 师师部设在这里。无产阶级革命家、中国共产党早期领导人之一瞿秋白被捕后关押于此，最后在汀城西门罗汉岭英勇就义。

目前，汀州试院为长汀县博物馆馆址。县博物馆通过各种展览，对人们进行历史主义和爱国主义教育。博物馆设有"中央苏区红色小上海陈列""汀州客家博物馆陈列"等大型陈列，成为长汀对外宣传的重要窗口和旅游观光的胜地。

汀州试院面积 11390 平方米，由大堂、考室、监考人员住房以及各

● 汀州试院

类书房组成，规模十分庞大，保存完整，是长汀县最为重要的文物古迹之一。在大堂前的坪院东侧，有两株枝繁叶茂的参天古柏并排而立，俗称双柏树，已有 1200 多年树龄。清代大学者纪晓岚来汀督考时，一天夜里忽见树梢上有两个红衣人向他作揖，他感到十分奇怪。次日早起，他书写对联一副贴于双忠庙前："参天黛色常如此，点首朱衣或是公。"纪晓岚所说的"朱衣人"，是南明唐王朱聿键的两员大将，朱聿健遭清兵追杀逃至汀州，妃子陈娘娘被杀于汀州罗汉岭，朱聿健的两员大将不愿被俘，自缢于双柏树下。后人为纪念他们，在树旁建"双忠庙"祭祀。

汀州试院于 1988 年被国务院公布为第三批全国重点文物保护单位。

汀州文庙

汀州文庙位于长汀县城兆征路 20 号，建于宋绍兴三年（1133 年），是汀属八县推崇儒教的重要场所。汀州文庙历史上是一个庞大的建筑群，除主殿之外还有讲学堂、名宦祠、启圣祠、宗圣祠等等。文庙许多附属建筑由于历史原因移作他用，目前保留了棂星门、泮池、拱桥、戟门、

● 汀州文庙

东庑西庑和大成殿等主要建筑，占地 2500 多平方米，规模宏大、古朴壮观。尤其是大成殿，面阔三间，进深三间，抬梁式木构架，十三檩卷棚式前步廊，柱网布局规整。明间正中为方形藻井，采用出挑三层如意斗拱承托，四角有雕饰垂球。次间为三扇井口天花，绘有龙凤、花草。明间大额枋砍制月梁形，用材硕大，跨度 7.35 米，金柱直径均不小于 40 厘米。自明至近年，对文庙都有维修，使主建筑不失当年风韵。

大成殿神龛上设有大成至圣先师神位，东配、西配分别是复圣颜子、宗圣曾子神位；大殿正上方悬挂一块清朝康熙皇帝御笔巨型牌匾，上书"至圣先师"四个大字；东哲西哲列设十二先哲神牌；东庑西庑供奉七十二先贤神位。1996 年被公布为第四批省级文物保护单位。

汀州天后宫

汀州天后宫位于长汀县城东大街，朝天门外。由山门、戟门、戏台、钟鼓楼、水阁楼、前殿、正殿、后殿及圣母卧室组成。四面环水，是汀州八邑敬奉妈祖的场所和旅游观光胜地。

● 汀州天后宫

汀州天后宫始建于南宋绍定年间（1228~1233 年），原名"三圣妃宫"，宋《临汀志》载："三圣妃宫在长汀县南富文坊，及潮州祖庙。……嘉熙间创，今州县吏运盐纲必祝祷焉。"三圣妃其中之一的"昭惠协济灵顺惠助妃"即护海女神妈祖。据考，宋绍定年间，开辟了汀江与潮州的航运，为保航运安全，故在汀州建祭祀妈祖的庙宇，以庇佑汀江船只安全。元代在汀州朝天门外（即东门）建"天妃宫"祭祀妈祖，清代改为"天后宫"。改革开放后，为保护文物旧址，恢复文物原貌，县政府做出决定，有组织有计划地修复天后宫。修复工程从 1994 年开始，修复完成前、中、后三座大殿及宫门、戏台、钟楼、鼓楼、两廊水榭等，天后宫以原有巍峨壮观的新姿展现于世人面前。

天后宫正面是高大恢宏的石牌楼，中门两边分别镶嵌着"龙凤呈祥"等四块大型壁雕。上方石斗拱托起的匾额镌刻着"天后宫"三个金色大字。左右边门额楣分别镌刻"河清""海宴"。进门后两边中间是戏台；左右两边分别是钟楼和鼓楼。两廊中间的空坪布局别致，前段石板墁地，后段双龟驮碑静卧左右。沿廊拾级而上是前殿，殿前两边望柱凭栏，两厢供奉财神老爷、花公花母塑像。前殿靠天井处置放巨型供桌。供桌后面是天井，天井两廊玻璃框内有风、雨、雷、电等十二神将塑像。再上几级台阶便是正殿，为抬梁式建筑，跨度较大，与前殿相似，两根石柱上的缠龙栩栩如生，双层如意斗拱承托的五凤楼与前殿五凤楼形成递进层次。妈祖塑像安放正殿中央，显得十分华贵端庄，这尊神像已有近 400年历史。后殿为"积庆殿"，供奉着妈祖父亲林愿、母亲王氏塑像。积庆殿右边是圣母卧室，布置得古朴典雅。整座汀州天后宫红墙黄瓦、雕梁画栋、金碧辉煌。台湾台中龙天宫曾于 1997 年来到长汀，恭迎汀州妈祖分灵渡台供奉，并尊汀州天后宫为祖庙。汀州妈祖，架起了海峡两岸友好桥梁。1990 年被公布为第三批县级文物保护单位。

汀州宗圣庙

汀州宗圣庙位于长汀县城横岗岭30号，坐北朝南，为二进府第式建筑，由门楼、天井、前后厅、两厢、后花台组成。两边封火墙，面阔三间，卷棚式前步廊，穿斗式木构架，硬山顶，占地300余平方米。汀州宗圣庙始建于明嘉靖二年（1523年），为奉祀孔子高门弟子曾参而建。俗云，孔圣弟子三千，贤人七十二。曾子继承发展推崇儒家学说，其著述的《大学》集正学思想、儒家学说之大成，而《孝经》则提示个人行为之准绳，由此引申至家庭、家族乃至社会的崇高精神境界。2000多年前他提出"吾日三省吾身"的为人之道，被世人尊为宗圣，修建庙宇予以纪念。据载，全国有宗圣庙四处，一在山东济宁嘉祥县，二在江西吉安吉阳乡，三在湖南长沙，第四座就在汀州。长汀宗圣庙保存完好，1997年被公布为第四批县级文物保护单位。

● 汀州宗圣庙

云骧阁

云骧阁位于长汀县城乌石巷 80 号，为方形木结构二层楼阁，占地 832 平方米。建于汀州古城墙上，仰对卧龙山，下临汀江龙潭。古阁凌空，古樟拥衬，显得雄伟壮观。云骧阁所在地为长汀县城乌石山，乌石山是汀江边上的一座石头山。山上四隅，乌石嶙峋，古藤老树高挂绝壁，绿枝繁茂的参天古树直立挺拔。俯瞰楼阁下面的龙潭碧波，不尽汀江之水沿着古城墙滚滚向南而去。入夜，万家灯火，两岸景色尽映水中，格外妩媚。这里是古汀州八景之一的云骧风月。

1929 年 3 月 14 日，毛泽东率红四军入汀，在红四军前委和长汀县委的领导下，工会、农会各组织代表大会在云骧阁召开，会上正式成立了工农民主政权——长汀县革命委员会。长汀县革命委员会委员由 9 人组成，其中民众代表 6 人、红军代表 3 人，主席邱潮保，委员会下设军事、宣传、财政等部。长汀县革命委员会的成立，具有深远的历史意义，

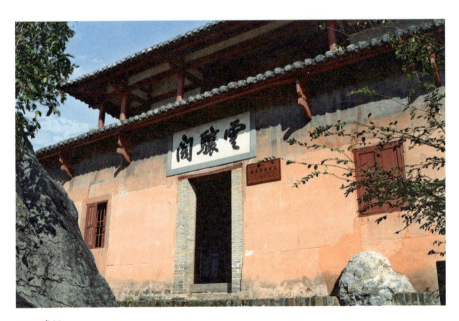

它是闽西、赣南中央革命根据地第一个在共产党领导下由劳动人民当家做主建立的县级红色政权，对闽西、赣南革命起到了巨大的推动作用。1988 年云骧阁被公布为第三批全国重点文物保护单位。

汀州府城隍庙

汀州府城隍庙位于长汀县西门内，占地面积 5800 多平方米，始建于唐天宝元年（742 年），为长汀历史文化名城标志性的古建筑之一，也是福建省内现存历史最悠久、规模最大、保存最完整的府级城隍庙。海内外有关文物古迹建筑专家及城隍文化研究学者多次前来考察交流，给予高度评价。

汀州府城隍庙，历代均作修葺、扩大，逐渐形成规模宏大、建筑考究、风格独特的庙宇，具有较高的历史、艺术价值。据载，宋绍兴年间（1131~1162 年），太守陈直方、董华相继扩建前后殿，至庆元初年（1195 年）太守陈晔时竣工。明嘉靖初年（1522 年），知府邵有道浚城壕 800 余丈，扩建厅堂、寝室、廊房。崇祯三年（1630 年），知府笪继良扩建延拓，

● 汀州府城隍庙

竖牌坊以壮庙观。清康熙三十五年（1696年），知府王廷伦重修。道光十五年（1835年），郡人又倡资重修。近年来，范喜昌等50余人发起成立汀州府城隍庙文物古迹修复协会，又进行了大规模的重修。

汀州府城隍庙坐北朝南，临街迎面为牌楼式石雕山门。从山门过仪门，左右可见穿廊隔厢，分立白无常（高爷）、黑无常（矮爷）塑像。穿过前庭院坪，沿台阶而上，是由前殿、中殿、正殿连体而成的庞大殿堂。台阶与前殿前沿高台均设石板面围栏，其立柱均刻有石狮。前殿为迎面五凤楼建筑，其门窗隔扇、巨柱横梁，均雕镂装饰。殿前有蟠龙石柱一对，左龙仰首向上，右龙穿云腾跃。殿宇上方设宽大的密闭顶棚，呈半圆拱形。中殿屋顶呈悬山两面坡式，亦精工构建，宽阔实用。中殿后沿设拱棚与正殿相连。正殿是城隍神坐堂之处，殿顶设天花、天棚，殿后雕围龛阁。城隍菩萨端坐中堂，两边为判官佐吏、衙差隶役等。三大连殿内支柱均为方形或圆形石质巨柱，系唐物，下有圆形石础，石础上雕有"龙卷草""卷书""竹简""古琴"等图案。整体殿宇除内部精构细筑外，其屋顶构造全由精制的密条、垫层、铁瓦、覆漏、面盖及其他装置、装饰层叠巧构而成。主殿西侧稍后相连处，配有东岳宫，中堂为东岳大帝及左右侍神，两延为十殿阎君立像，殿厅两侧，分列六十年庚太岁群像。主殿背后为后殿，名"报恩殿"，供奉着城隍父母。每年农历正月十六日为汀州城隍庙庙会，成为城隍文化的重要内容。汀州府城隍庙被列为省级文物保护单位，来此考察、交流、游览、会庆、朝拜的海内外人士，常年不绝。

汀州古井——"双阴塔"

"双阴塔"是唐代古井"八卦龙泉"和宋代古井"府学阴塔"的合称。"八卦龙泉"建于唐开元年间（713~741年），位于长汀城区开元寺内（现公安局），原名开元井，井深16米，口径1.72米，上宽下窄，每层用石板砌成八卦形，和地面的塔恰好相反，犹如一座倒置于地底的八角塔，故称"阴塔"。这是我国极为罕见的古井，至今井水清澈，终年不枯。

● 府学阴塔

　　"府学阴塔"位于长汀城区汀州府学内（现县政府大院），建于宋咸平二年（999年），是座砖砌圆形古井。井深13.5米，口径1米，井旁立有石碑，题"府学阴塔"四个大字，井水终年不竭。

　　据碑文记载，建造"双阴塔"古井，"以镇文风"，意在盼望汀州多出人才。1984年2月16日和12月19日，《人民日报》先后两次发表新华社记者专稿，报道长汀文物工作者发现"双阴塔"古井的消息，这两口古井现保存完好，1989年被公布为第三批县级文物保护单位。

寺观禅院

广福院

　　广福院位于长汀县童坊镇彭坊村平原山，原名普护寺，俗称"伏虎古寺"，建于南唐清泰三年（936年），为汀州最早的古寺之一，是长汀地方神伏虎祖师的道场。伏虎祖师在俗家时姓叶，俗名已失传，出生于南唐年间,父亲叶千益,母亲曹太夫人,家住宁化的偏僻深山里。他从小吃苦耐劳,又爱习武骑马,因而臂力过人,少年时就曾经赤手空拳打死过上百斤重的金钱豹。长大后,伏虎到汀州城开元寺出家当和尚,法号惠宽法师。

由于汀州城地处万山之中,昔日虎豹豺狼活跃于城郊山野。特别是虎患不断,四面深山皆有猛虎出没,夜深人静的时候,时时听得虎啸声声,搅得汀州城内人人谈虎色变,个个惊慌失措。汀州刺史急得团团转,四下张贴告示,悬赏打虎猛士。汀州开元寺的惠宽法师听得官府悬赏打虎,凭借年少时练就的一身好功夫,决心为民除害。他来到汀州城郊等待猛虎出来,不久,果然碰上了一只吊睛猛虎,只见惠宽法师双脚腾空而起,跃上虎背,只几拳便将猛虎打死。此后猛虎再也不敢出来危害百姓,从此汀州城内虎患绝迹,百姓们太平无事。

● 广福院

长汀童坊镇彭坊村平原山，离城 35 千米，虽名为"平原"，却是古木参天、山谷陡绝之地。猛虎经常在此出没，经常危害百姓。惠宽法师听说后，来到平原山，白天参禅拜佛，晚上外出打虎，不久就使平原山绝了虎迹。当地百姓感恩戴德，集资修建了一座"普护寺"，供惠宽法师住持。从此，惠宽法师就在平原山"普护寺"修身，一直到坐化圆寂。人们为他塑了佛像，称惠宽法师为"伏虎"禅师。朝廷旌表惠宽法师的功德，重修了普护寺，并封为"广福禅院"。"广福院"成为长汀最古老的寺庙之一，也成为伏虎祖师的道场。

此后，伏虎祖师被汀州人视为为民除害的化身，成为汀州客家人的保护神。伏虎与同时代的另一位地方神定光祖师，被汀州人共同奉为保护神。定光、伏虎代代相传，受到汀州百姓的崇敬。

广福院历代均有修葺，寺院由山门及前、中、后三殿组成。前殿为砖木结构，中为前厅，两边厢房相连。殿前建有石栏，左右各五柱四栏，柱上雕凿石狮，栏面有浮雕，雕工精美。穿过天井走廊，即为正殿，面阔三间，进深三间；殿顶正中为穹窿式圆形藻井，分为九层，四角边用三层如意斗拱承托，四面垂球，均作雕饰；殿梁为衔梁式结构，十一檩步廊，成为硬山两面坡式的建筑，巍峨庄严。后殿为重檐歇山顶式，也设藻井，形如正殿而略小，分七层。全院承柱石础均为圆形扁鼓式。

南禅寺

南禅寺为著名的汀州八寺之一，现为福建西部规模体制最为宏大的寺庙丛林和最大的女众道场。五代周显德年间（954～960 年），著名高僧惠臻于汀城南沿丛林开创南山同庆禅院，弘兴佛法。宋乾道年间（1165~1173 年），因战火辟为兵寨，后荒废。明神宗万历年间（1573~1619 年），古刹得以重修，更名为"南禅寺"。民国 25 年（1936 年），进行全面重修，后因时局变迁，渐于式微。民国 30 年（1941 年），寺院归并"国立"侨民师范，后归长汀二中。1998 年，将古寺迁建于汀州城南宝珠峰北侧，

● 南禅寺

历经数载艰辛，使千年名寺修建成功。

南禅寺坐南朝北，占地 5 万多平方米，地势南高北缓，前迎汀江，面对汀州古城，后枕宝珠，左携南屏，右凭西峰，环境清适宜人。南禅寺采用北方皇家寺院的建筑风格，由天王殿、大雄宝殿、大悲殿三大主殿及山门、钟鼓楼、放生池、法堂、藏经楼以及其他楼亭馆舍、风雨回廊等组成。

走进南禅寺山门，迎面是放生池，池上有三座花岗岩拱桥。跨过拱桥，左右两亭紧仄相望，一曰"养心"、一曰"静气"，与前面桥池相映成趣。迎面右侧，放生池中一石隆起，托举着一座玉洁冰清的施水观音石雕像。石像高约 5 米，通体由一细质花岗岩雕成，细腻逼真。雕塑底座为莲台。雕像主体为观世音，其双手交轮抬举于胸前，左手纤细的玉指倒持着神秘的法瓶，水从瓶内倒斜而下，仙姿神韵，奇趣盎然。闽西佛学院建于寺院东侧，为数栋围合的多层建筑群。寺院开放汀州素食茶饮，应观光休闲之需。

汀州如意宫

汀州如意宫是汀州客家人供奉财神、护佑汀州资财隆兴、富庶丰裕、蓬勃发达的古宫观。该宫位于汀州城东汀江边现水东街临江一侧，坐东朝西，始建于宋代，为汀州地区乃至闽赣周边广大地域财神信仰的中心祖庙。清道光二十七年（1847年），硕德名士陈祖武感于恩荫，体于时责，捐出巨资对其进行改建，使体制规模更加洗尘重光。整座宫庙主体占地390平方米，砖木结构，抬梁式木构架，单檐歇山顶，主要由门楼、前殿、正殿、两厢、天井及两廊等组成，结构严谨，做工精细。正面为门楼结构而成的整体外墙，全由优质条石精工雕刻严缝嵌接而成，横垂错落，厚实威壮，气势夺人。进入门楼，即为前殿，殿中天棚设方形藻井，前殿后面为天井，两边为两厢，再往后即为正殿，柱梁耸叠，高大壮观，殿顶设方形藻井，巧夺天工。宫庙主体两侧为高耸的青砖封火骑墙，墙顶冲出屋

● 汀州如意宫

面，层层叠收，覆以青瓦，气派森严。主体两边，各设拱形门洞，与两边横屋相连。

赤峰嶂

赤峰嶂位于河田、童坊、南山交界处，主峰海拔1032米，为汀州最高山峰之一，传说为神人用赶山鞭驱赶巨石误滞于此。据载，此山劈建于北宋乾德四年（966年），为沙篱古寺。南宋开庆时（1259年）汀州郡守胡太初主修、修职郎汀州学教授赵与沐编纂的《临汀志》就有记载："赤坑嶂（赤峰嶂）在长汀县南五十里。"明正德年间（1499年），一钟姓游商夜行途经此境，从远处眺望，发现峰顶有三盏火光，走近看时，却成三块石头。商者非常惊异，于是将此三块石头雕刻成定光、伏虎、观音三尊佛像，称为"三太祖师"，并将其移奉入庙。由是，"三太祖师"信仰在长汀传播，成为长汀重要的民间信仰。赤峰嶂成为长汀三太祖师信仰的祖庙。

赤峰嶂寺庙坐落于峻峰之顶，人登峰顶，一寺兀然而临，抬头望时，只见飞檐翘空，红墙映翠，大门楣额"赤峰嶂古寺"几个大字显得苍劲

● 赤峰嶂

有力。进入寺门，不见正面殿堂，真正殿堂布局，乃为另一角度。经转向的正栋殿宇为客家传统的上下厅堂梯进布局，上厅为"大雄宝殿"，正向佛龛除供奉佛祖三身之外，还一同供奉"三太祖师"，两边还供有妈祖、玉帝等其他神佛。下厅则设为拜庆聚会之用。穿越侧向正栋，过小侧门，即为侧向附延的横屋，里面布局为僧舍厨房。

因古庙历史久远，故千百年来，人们因形成意，附会绵延，留下许多自然人文相和相映的动人传说，如有"仙人石"景观传说、"出米洞"传说、"天子地"传说以及杨文广征南蛮留下的"击鼓石"传说等。这些自然人文凝重神奇的景观物象，增添了赤峰嶂无尽的沧桑底蕴。

归龙山罗公庙

归龙山位于长汀县南部 50 千米的四都镇小金、红寮、大坪等村，横亘于闽赣边界。这里群山绵延，古木蔽空，因山境奇险，物种丰饶，原始森林风貌完整，被核定为省级自然保护区。归龙山有作揖岩、风动石、百丈崖等奇岩胜景，引人流连忘返。

● 归龙山罗公庙

相传，有江西吉水状元罗洪先，不恋政途，避乱入汀，隐居于归龙山，躬耕自得，云游自娱，与周边百姓生息与共，常采药治病救人，有求必应，深得政民称颂。于是，人们合建罗公庙以供之。

罗公庙坐落于归龙山岩峰顶的东南坡谷，为单檐歇山式建筑，砖木结构。庙宇前为高坎台阶，下连坪场及两侧山房，由山房坪场再往前则为一座小山包，正对庙宇，似香炉，又似木鱼，构成天然神秘的动人景观。寺庙终年香烟缭绕，成为闽赣交界处的丛林宝地。

大悲山古寺

大悲山位于长汀县城东北方向 25 千米的铁长境内，海拔 1800 多米，为闽西赣南最高山峰。因其主峰凸起，山顶浑圆，周伏环连群山，如莲座托举，与之相应，构成巨大的观音莲座天然形貌，故名"大悲山"。

大悲山开发于宋元年间，历史悠久，名播闽赣，鼎盛时期，住有僧众 100 多人。大悲山寺院群原为普慈院，后称莲峰寺，系汀州著名古寺之一，坐落于山顶，于浑圆坪地中兀立而起，蔚为奇峻。寺庙主体为客家府第式建筑，布局对称，内供观音菩萨及其他佛宗诸像，整体古朴、精巧。因于天貌灵毓，大悲山古寺高僧迭出，留下许多遗迹传说。山顶有双层圆形蘑菇亭，碧瓦青柱，凌空而立。山野四面，群峰绵延，各色景观应接不暇，让人叹为观止。

南廨寺

汀州南廨寺位于长汀县城营背街，保存完整。该寺始建于明成化十八年（1482 年），成为汀州著名古寺之一。清乾隆五十七年（1793 年），汀州民众对其进行了修拓重建。寺院坐北朝南，门迎大街，主要由门楼、两厢、正殿、后殿等组成，占地 960 平方米。寺院门楼系跨座底门式楼阁建筑，临街耸立。进入门楼，正中为内坪，内坪两侧为厢房。西厢往后，地势降下一坎，即为正殿。正殿面阔三间，进深四柱，为砖木结构，抬梁穿斗式木构架，两侧柱间嵌砌砖墙，白粉抹面。殿前宽大的底层横

● 南廨寺

檐下，构造成宏阔的半圆拱棚。拱棚下面的殿前两边，设巨大的圆形斜格窗。大殿里面纵横排列的巨大红柱高擎耸立，与上端穿梁横挑构架撑起整体屋宇。殿中明间设方形藻井，其余天花有彩绘，殿厅四面上端均设斜格透窗。大殿正中，三尊巨型佛像庄严端坐，前立阿难、迦叶侍像。殿顶采用重檐歇山式造型，正面顶额全设彩绘斗拱，雕梁画栋。正殿两侧外檐设穿廊通道，与后殿相连。后殿为一堂两厢布局，现主要作为斋堂。

名人墓园

陈剑墓

陈剑，唐大历初年（766年）任汀州刺史，是汀州古城的创建者。当时汀州州治设于东坊口大丘头，因"岁屡不登，民多疾疫""适年

● 陈剑墓

凶民疫，吏民进状请迁治"。官吏百姓纷纷请求汀州州治迁址，唐大历四年（769 年），汀州刺史陈剑将州治从东坊口迁到白石村（今长汀城址），"筑土城卧龙山阳，西北负山，东濒汀江河，南踞卧龙山麓"。南宋《临汀志》记载，"大历四年，刺史陈剑奏迁白石，即今治是也"。长汀县治随迁至距州治"二百步"的衣锦乡（今长汀老城区），仍附州郭。这里背靠卧龙山，面向汀江河，向阳开阔。从此汀州百姓安居乐业，城池逐步扩大，日趋繁荣。

陈剑卒后葬于汀州东塔山麓，后由陈氏后裔迁葬于东郊，以示纪念。原墓碑尚存，碑上镌刻"唐汀州刺史祖考讳剑陈公之墓"，墓联为"系出颍川支分鄞水，灵钟拜相毓秀万魁"，额枋题字："风高悬榻"。该墓延续长汀民间传统做法，墓堂宽大，保存基本完好。

钟翱墓

钟翱，为唐昭宗时汀州刺史钟全慕之孙。钟翱因善骑射，能经济，

● 钟翱墓

以功继其祖父钟全慕任汀州刺史。此后，钟氏繁衍。钟翱死后，墓葬长汀濯田同睦坑。"汀人钟姓皆其后"，历经世代沧桑，钟氏子孙逐步繁衍于东南亚各地。至今，海内外不少钟姓人氏，专程前来长汀寻根谒祖。该墓墓堂规模宏大，蔚为壮观，均用石板条垒砌而成，碑文刻"刺史赠尚书令钟翱墓"，碑两旁石板上镌刻"忠、孝、节、义"四个楷书大字，墓前两旁各竖一对石狮和石龙柱，墓葬保存完好。1997 年被公布为第四批县级文物保护单位。

娘娘墓

明末唐王隆武帝朱聿健，因清兵追赶，退守汀州，引发了一场抗清斗争。汀州总兵周之蕃救驾身亡，朱聿健仓皇出逃，娘娘妃子在汀城西郊罗汉岭灵龟庙遇难，两员大将自缢于汀州试院古柏之下。后人在汀州西门外建娘娘墓，墓碑刻"隆武胡华太妃讳姜忠烈陈娘娘之陵寝"。现存墓碑。

马驯墓

马驯（1421～1496年），字德良，长汀四堡人，后定居长汀城郊十里铺。马驯25岁登进士，景泰元年（1450年）任户部主事，天顺二年（1458年）升户部郎中，成化五年（1469年）升四川左参政，成化八年（1472年）升右布政使，十二年（1476年）改左布政使，十七年（1481年）升为都察院左都御史，任湖广巡抚并兼军务。当时恰逢关中受灾，他鼎力赈灾安抚，使无数灾民得救。随后，湖南、湖北二度受灾，马驯实行减免田赋，使众多百姓得以度荒。不久，贵州守臣大肆征收军饷，搜刮民财，马驯得知后立即上奏，才得以制止。1487年，马驯告老还乡，定居于长汀城郊十里铺。马驯于弘治九年（1496年）农历五月病逝，终年76岁。其子马综奏请祭葬获准，十一年（1498年）十二月十八日，马驯遗体葬于长汀城郊十里铺张家陂乐丘。马驯赐葬墓地规模宏大，布政司通支官银1150两，上部派员督造。墓地的礼仪均按巡抚一级官员营造，碑亭坊牌门楼俱全，墓道两边置石人、石马、石羊、石虎、石翁仲。现马驯墓穴保存完好，墓道石人、石马等均已遗失。

辛亥光复汀郡诸烈士墓

1911年，同盟会会员、汀州中学教员刘家驹等人，为了推翻清朝统治，实现长汀民主共和，迎接民军进入长汀，成立光复汀州独立自治会，和保守势力展开一场生死搏斗，刘家驹等52人不幸壮烈牺牲。后人为纪念这一历史事件，缅怀先烈，特建烈士墓。墓碑三块，中间一块上刻"辛亥光复汀郡诸烈士茔墓"，左右两块铭刻了事件经过及烈士名单。碑现存。

● 辛亥烈士墓碑

第二节
历史名人

钟翱

钟翱，生卒年不详，为唐汀州太守钟全慕之孙，世界钟姓始祖之一。自幼善骑射，武艺精通、娴熟。钟全慕去世后，钟翱继任汀州刺史，逝于任职期间。钟翱去世后墓葬长汀县濯田镇同睦坑村，墓碑刻"刺史赠尚书令钟翱墓"，现墓地保存完好。据民国《长汀县志》记载，钟翱去世后，"子孙流寓不归"，"汀人钟姓皆其后"。1000多年历经世代沧桑，钟氏子孙繁衍生息。现在发展到福建上杭、武平及广东梅县、蕉岭等地，还有许多漂洋过海定居于台湾及东南亚各国，颇有影响。至今不少海外钟姓人氏，不远万里前来长汀寻根谒祖。

陈剑

陈剑，籍贯及生卒年不详，唐大历初年（766年）任汀州刺史，是汀州古城的创建者，被尊为汀州陈姓始祖之一。陈剑任职汀州时，州治设于东坊口大丘头（现长汀县城东郊草坪一带）。因"岁屡不登，民多疾疫""适年凶民疫，吏民进状请迁治"。唐大历四年（769年），陈剑奏准迁州治于卧龙山南麓，背山面水、向阳开阔的白石村（今长汀县城）。南宋《临汀志》记载："大历四年，刺史陈剑奏迁白石，即今治是也。"长汀县治也同时随迁至距州治"二百步"的衣锦乡（即今长汀城区南门县前街一带），仍附于州郭。陈剑倡导治理瘟疫，发展农业，建立城池，以防外扰。从此，汀州城址固定下来，历代相袭，州城范围逐步扩大。汀州日趋繁荣，百姓安居乐业，繁衍生息。

王捷

王捷，字叔平，长汀人，生卒年不详，我国宋代著名的冶炼家，事载汀州志籍及《梦溪笔谈》《渑水燕谈录》《青箱杂记》等。

王捷生于汀州锻工之家，早年在家乡炼矿熔金，潜心研磨，有所成就，聊以立进。后遇一黔卒，自称羽士，能炼石成金，因觉汀州霹雳岩之异，流连不去。王捷与之结好，告知霹雳岩仙人炼丹旧事，并求炼金之术。羽士道之以理，并邀相随授技。王捷乃随之，辗转闽浙赣之间，历尽艰辛，寻至一山中驻足开炼，经无数曲折，幸得老锻工毕升指点，终炼成鸦觜金。于是便广请民工，土法开矿烧炼。不料事有不济，不日矿塌伤人，发生命案，羽士遁逃，王捷等一并被押上饶狱中，王捷尽自揽责，开脱毕升，使免遭刑苦。毕升感之，乃秘授炼金绝技，使混合化熔，以充其量，提高能效。王捷替罪，被放沙门岛从事矿役。因合其技，王捷如鱼得水，大展身手，终得役吏器重，寻机开释。王捷回汀，重开霹雳丹灶，以汀州朱砂矿熔炉炼金，声名日隆。又择人传技，淘炼兼具，终使汀州产金日盛，名噪南北，被列宋朝四大黄金产地之名。后王捷赴汴京开封，由时任户部承务郎汀人张德权引见宋真宗。真宗见其黝黑敦实，眼明手粗，便命演展炼金之术。王捷承命，当即起炉演炼，旋得小饼异金光彩夺目。皇上大喜，皇城司刘公公眉开眼笑道：高师技艺无双，皇朝之福也，此乃国运昌隆，万岁福泽，天赐异人，可喜可贺。翌日，真宗下诏赐对龙图阁，皇城司亲车接引。王捷献《富国裕民策》，真宗阅后龙颜大悦，特授王捷为许州参军，并赐牌一块，准开矿冶，张承务郎及许州官民、皇城司一并协办其事。王捷不慕繁华，与众跋涉奔波，同甘共苦，寻山开矿，冶炼大成，鸦觜金誉满京华。真宗又谕设场开封，各州协办，大量采炼，产量更是突飞猛进。

大中祥符年间（1008~1016年），真宗大兴土木，广行礼典，加之北方边事告急，军用日繁，故而国库空虚。王捷加紧冶炼大量黄金，以充国库，并特献金为太后祝寿，深得喜爱。真宗喜不自禁，命以鸦觜金铸金龟金牌，以赐有功名臣、武将、近幸及天下州府军监，余者藏于玉清照应宫宝符阁，命金牌为"宝镇牌"。因太后喜爱，鸦觜金又制为金饰，众宫循样相延，一时间汴洛仕女风行，高价以沽，国库存者被购一空，成为宋朝新金种。

其事史称"王捷烧金"。因贡献巨大，功惠国库，王捷被授神武将军，进阶光禄大夫，时称"富国先生"。年六十余卒于汴京，敕赠南军节度使，塑像景灵宫，引拜后世。

罗良

罗良，字彦温，号云峤，长汀城郊罗坊人，生年不详，卒于1366年，是元末的著名将领。他为维护元末的统治，屡建"战功"，在固守漳州战役中，效忠元末皇帝，可谓"赤胆忠心，一门忠烈"。

元至正四年（1344年），南胜（今平和县）畲族农民起义首领李志甫率兵围攻漳州，守将搠思监战败，罗良变卖家产招募乡兵，跟随平章别不花迎战，镇压李志甫起义后，论功行赏，罗良擢任长汀县尉。后因相继平定战乱和镇压农民起义，提升漳州主簿，南剑土翼千户，漳州新翼万户。至正十八年（1358年）又升漳州总管，子罗安宾承袭新翼万户职。至正二十一年（1361年），罗良升福建行省参知政事，次年，升资政大夫，福建省右丞兼广东道宣尉使都元帅，仍镇守漳州。罗因屡立战功，忠于职守，深得元顺帝赞赏，被授予荣禄大夫兼内劝农防御使，并进封晋国公。

罗良长期镇压漳州，修建文庙，创建清章书院，重视育才养士；全力发展农业，定赋必均，课农必慎，奖励开垦土地；兴利除弊，建谯楼，迁驿舍，筑城浚池；邻县有逃荒至漳州者，加以救济安置；凡民间诉讼，均认真查核，着实解决；寓兵于农，入耕出战，食足兵强，军威大振。深受漳州人民赞誉。

至正二十二年（1362年），福建行省参政陈友定，存窃据福建之心，威逼平章别不花将各郡县仓库物资交友定，违者诛杀。二十五年（1365年）出兵攻打各郡县，远近闻风献城请降，唯罗良坚守漳州，并写信责骂陈友定，陈友定大怒，即兵发漳州，并扬言："罗若早日投降，终生享受荣华富贵；如不投降，斩尽杀绝，寸草不留。"罗良率兵三千，埋伏江东要地，严阵以待，并告诫部下按兵不动，等待时机。不料，千户长张石古有违罗告诫，陈友定趁隙渡过柳营江。罗良迎战，败于马岐山。陈友定兵逼漳州城下，当地父老劝慰罗良说："江南与中原道路阻绝，（元朝）皇帝远离漳州万里。孤城无援，朝夕难保。况且元朝大势已去，你坚守此地，替谁效力？"罗良说："皇帝令我守此地，我理应同漳州共存亡。"于是，下令死守漳州，并与妻子立下了同生死的誓言。二十六年（1366年）六月四日，由于漳州北门守将里通内外，开门投降。陈友定率兵攻进漳州，罗良仓促交战，寡不敌众，战败而死。罗良的妻子、婢女闻讯，当即跳进后院池塘自溺而亡，同时自杀的还有100多名士兵。

罗良死后，安葬于漳州眠羊山，后迁葬于西渡头双路口乐仁铺，罗良的家乡长汀县罗坊村建罗公庙纪念，现在的罗公庙为清代重建。

马驯

马驯，字德良，长汀四堡（1950年划归连城县）人，生于明永乐十九年（1421年）农历正月初一。他十一岁为府学生员，二十五岁登进士，三十岁任户部主事。三十八岁提升为户部郎中，奉命督运粮草，悉心筹划，省运输费三分之一。后升四川左参政，恰逢四川民变，他核查出已征未用粮数百万斛，以供军饷，得到赏赐和嘉奖。52岁时升为右布政使。成化十一年（1475年）播州（今贵州遵义）用兵，他提取库银购粮，既减轻百姓负担，又及时供应军饷。十二年（1476年）升为左布政使。不久，松藩（今四川松藩县）边境骚乱，掌管边防军事官员主张派大军镇压。马驯极力反对，主张以德怀抚，上揭帖给大司马，提出只有防护得法、抚谕有方，才是万全之计。但建议未被采纳，结果兵兴无功，众赞马驯远见卓识。十七年（1481年），马驯又提升为都察左都御史，巡抚湖广。恰逢关中（今陕西渭河流域）受灾，大批饥民流亡湖广，他立即赈济和平粜，多方安抚，无数饥民得救。不久，湖南、湖北受灾。马驯亲往各地视察，按灾情轻重减免田赋，百姓得以度荒。他在《乞恩减赋救灾，安民以安国本》疏中写道："臣目击百姓，近山者煮叶草，近水者捕鱼虾，田园荒芜，十室九空，人们脸黄饥瘦，气息奄奄。臣先计口发粮，并答应报请减赋，灾民才安心下来。"他提出对灾民的骚乱宜赈抚、不宜镇压的主张。不久，他因年老体倦，坚请辞职返乡。

马驯在户部任职10年，在四川12年，在湖广17年，从政35载，功绩卓著，多次得到赏赐和嘉奖，5次提升官职，自部员累官都宪，封政议大夫。

成化二十三年（1487年），马驯67岁回到长汀，在长汀城郊十里铺张家陂盖房数间，曰：皆山堂。马驯常与故旧游览名胜，写有《鄞江八景诗》；作《谕俗》四章，以示子侄。生平著述甚丰，其上边防策，上兵部止兵揭帖，奏请减赋诸疏，皆切实可行。

马驯于弘治九年（1496年）农历五月病逝，终年76岁。其子马综奏请祭葬获准。十一年（1498年）十二月十八日，马驯遗体葬于长汀县十里铺张家陂乐丘。福建布政司右参议来汀主祭。

郝凤升

郝凤升，字瑞卿，号九龙。明成化四年（1468年）出生于长汀。他爱好诗文，13岁补弟子员，深得郡守吴文度器重，常咏诗唱和。一次，郡守召客不至而召郝凤升，因曰："酒美花香，主意却嫌来客少。"郝凤升立即应曰："天空云净，月明何用众星多。"郡守听后拍手叫好。此后，常在客人面前亲昵地称郝凤升为"小友"。郝凤升弘治十一年（1498年）中举人。一年，郝凤升父亲被囚犯诬为同伙，押送虔台。他亲往赣州向虔台鸣冤，后案情大白，其父连同其他被诬者7人均获释。人们把郝凤升比作13岁上书救父的汉代缇萦。正德六年（1511年）郝凤升44岁中进士，授大理寺评事。他秉公执法，与刘瑾余党坚决斗争，不少冤案得到昭雪，被誉为"郝铁笔"，不久，提升为大理寺副。十四年（1519年），明武宗自扁头关驾临榆林，郝凤升留驾，被拘入锦衣狱。同年三月，武宗又下诏南巡，正值宁王朱宸濠久蓄异谋，群臣相继进谏，武宗不听。于是，郝凤升与大理寺正周叙等16人联名上疏，极力死谏。武宗震怒，竟下令于午门外各鞭40大板。郝凤升被打得血肉模糊，随后被贬为都察院照磨。不久，朱宸濠果真在南昌举兵叛乱，幸武宗未南巡。

明正德十五年（1520年），郝凤升辞官回家医病治伤。十六年（1521年），武宗逝世，世宗嗣位，众臣推荐郝凤升任要职，郝凤升以骨折未愈而辞谢。四月，世宗任命郝凤升为浙江严州知府。他在职5个月，廉洁奉公，施仁政，后奉命入京朝觐，船至扬州瓜州渡，因旧伤复发，伤口迸裂，流血不止，折回长汀治理，不久病逝，终年五十四岁，葬于长汀县城西关外。

郝凤升诗作有《九龙诗刻》，著名古文家茅坤盛赞其诗"出风入雅，疏旷豪爽"。另有《和沈日休梅花百咏》律诗一百首，借梅抒发"怼世俗之浑浊，颂己身之修能"之情。

黎士弘

黎士弘，字愧曾，长汀濯田陈屋人，生于明万历四十六年（1618年）。十四岁补博士弟子员，三十六岁中举人。清康熙元年（1662年）任广信府推官，为政清廉，听断精明，六载审理十三县案件，释放无辜数百人，人们称赞他为"黎青天"。康熙三年（1664年），广信府属玉山县迭遭战乱，百姓离乡背井。黎士弘前往省问疾苦，招集流散各地百姓，垦田定赋，恢复生产，重建家园。不到一年，百废俱兴，民气渐复。

康熙七年（1668年），黎士弘任江西省永新县令。永新在崇山峻岭之中，交通闭塞，民生凋敝。黎士弘赴任后，明察暗访，尽除苛政，减征徭，理冤屈，让百姓安居乐业，发展生产；还兴办书院，定期召集文人雅士研讨诗文。任职3年，政通民和。离任之日，永新父老数百人，长途跋涉到抚军门前请愿，恳切挽留黎士弘。随后，建黎士弘生祠于县衙前。县令张士奇《展黎公祠》诗赞云："冰鉴输人鉴，前贤是后师。昌期凡九令，不朽独公奇。"

康熙十年（1671年）春，黎士弘升巩昌、甘州司马，曾请抚军上奏，免除旧丁额征数百亩，减轻百姓负担。后升任常州知府，适逢吴三桂叛乱，边陲震惊，又提升为洮岷（今甘肃临洮县、岷县）副使，后留甘山道。因平定吴三桂叛乱有功，又提升为布政司参政。

黎士弘还以诗文闻名，被徐世溥、钱谦益推崇为"海内名士"，冯之图称其为"汀南异人"。著作有《托素斋文集》10卷《仁恕堂笔记》3卷、《理信存稿》3卷、《西隆陲闻见歌》等。

康熙十八年（1679年），黎士弘辞官还乡，居住于长汀县城西门外，著述家中。家居18年，常赋诗作文，有文人雅士拜访，无不以诚相待，谆谆教导。

康熙三十六年（1697年），黎士弘病逝，终年八十岁，葬于长汀城东郊坑。

刘国轩

刘国轩，字观光，长汀四都溪口菜坑人，生于明崇祯元年（1628年）。刘国轩辅佐郑成功祖孙三代，征战台湾海峡两岸，为光复台湾、驱逐荷寇做出了卓越贡献。他在台湾22年，作为台湾早期开拓者而彪炳史册。他说服郑克爽归顺清廷，为祖国的统一做出了杰出的贡献。

刘国轩幼年习武，娴熟弓箭，常集结村中少年练武。一次，设兵伏击流寇，夺回被劫牲畜财物，名扬乡里，时年仅15岁。清顺治三年（1646年），清兵入闽，刘国轩只身赴漳州投军。初为城门守卒，因智勇双全升为镇标、北门把总。明永历八年（清顺治十一年）（1654年）十二月，郑成功率兵攻打漳州，刘国轩大开城门迎郑，被任命为护军后镇。永历十五年（1661年），刘国轩随郑成功渡海光复台湾。

永历十六年（1662年），郑成功去世，郑经嗣位，命刘国轩驻守鸡笼山（今基隆），对高山族等少数民族剿抚并用，促使人心安定归顺郑经，占地日广。二十年（1666年），刘国轩被提升为左武卫，驻守半线（今彰化县）。二十四年（1670年）八月，征斗尾、龙岸；十月，平沙辘，屡战屡胜。二十八年（1674年），刘国轩随郑经回闽；七月，清军围潮州，刘国轩奉命赴援。潮州解围后，刘国轩升任副提督。二十九年（1675年），刘国轩等进驻潮州，并先后攻克潮州所属各县。

永历三十五年（1681年）正月，郑经谢世，郑克爽嗣位，任命刘国轩为武平侯正总督，率精兵驻守台湾门户——澎湖。他致力修战船，筑炮垒，严阵以待清兵。三十七年（1683年）六月，清兵突然进攻澎湖，四面环攻，势不可当。郑军惨败，损兵万余。刘国轩见大势已去，率残部退至东宁，与文武大臣商议，奉劝郑克爽归顺清廷。而后，刘国轩随郑至北京，被清廷授予天津卫左都督总兵，驻守天津。在天津，他大力兴修水利，推广水稻种植方法，深受民众拥戴。

清康熙三十二年（1693年），刘国轩在天津病逝，葬于顺天府苏家口，终年 65 岁。他逝世后，被清廷封赠光禄大夫、天子少保。

上官周

上官周，原名世显，字文佐，笔名周，号竹庄山人，长汀南山官坊村人，是我国 18 世纪闻名中外的画家，融画、诗、书、印于一体，为中国绘画事业的继承和发展做出了彪炳史册的贡献。

上官周生于清康熙四年（1665 年），自幼聪颖，治艺勤奋，学识渊博，擅长诗文、书法、篆刻，尤精于画，是清代著名民间画家。作品有《晚笑堂画传》（以下简称《画传》）、《樵归图》、《罗浮山图》、《珠江挂帆图》、《台阁风声图》、《寿星图》、《苏武牧羊图》等，尤以《画传》为传世之作，他依据翔实史料和丰富的艺术构思，精心刻画一百二十位历史人物绣像，对后世有一定影响。如《绣像英烈传》，是从《画传》下卷"明太祖功臣"中选取的；又如《芥子园画谱》中的人物，也是仿摹《画传》而成。鲁迅十分推崇上官周，曾购买《画传》寄赠木刻家亚历舍夫。

上官周的山水画也很著名。清代窦镇称他"善山水，烟岚弥漫，墨晕可观"。杨澜称赞上官周的诗画"能自出新意，修然蹊径之外，人比之倪云林、沈石田。诗亦风格遒美如其画"。

康熙五十二年（1713 年），上官周被选奉诏进京绘《康熙南巡盛典图》，描绘数以万计之各色人物，形象生动，多姿多彩，得到康熙帝的赞赏，也为中国绘画史留下了珍贵的遗产。同时，还主绘了《康熙八旬万寿盛典图》等，名扬中外。随后畅游广东，日与峰峦壑谷、飞瀑鸣泉、田畴村寺为伍。所绘《罗浮山图》长卷，名闻朝野，翰林院编修查慎行观后欣然题诗："奇峰三百三十二，一一岂易穷冥搜。眼中岂是好奇者，上官山人今虎头。"将其与东晋画家顾恺之相提并论。

雍正十二年（1734 年），70 岁的上官周回汀闲居，于金沙河畔建一房屋，取名"竹庄"，自号竹庄山人。他闭门谢客，专志史书、绘画，心摹手追，笔耕不辍。直至乾隆癸亥清明，绘成《晚笑堂画传》，赢得如潮好评。《晚笑堂画传·跋》曰：晚笑堂之对面有楼三楹，先生所筑。居汀其间，闽、粤、赣八方习画者纷至求师，上官周倾心扶携，精心点教，培养出黄慎等大批后俊名家，赢得八方敬崇礼延。

上官周著有《晚笑堂诗集》，有谓其诗中画，画中诗。如《夜过篁竹岭》二首："老识蚕丛险，今从夜色过。千盘余梦境，仰立近星河。白发等闲事，青山奈老何。孙登余有啸，竹杖带云拖。""履险空山夜，惊魂不易招。月明云泛泛，风劲树萧萧。暗石蹲如虎，昏烟望似桥。未聆深谷韵，谁信有箫韶。"诗中既表现豪迈心情，道尽世道艰险；同时，形象地描绘了夜过高山峻岭的奇特意境。他生平不求闻达，不附权贵，终身布衣，所交尽当世名士。诗中借景抒情，以诗言志。

乾隆八年（1743年），上官周携小孙惠游居广州，并将《晚笑堂画传》和《晚笑堂诗集》高精刊行。此后，便一直旅粤，潜心笔耕，留下大量山水人物作品，为中国绘画献出毕生心血。上官周逝世于广州，卒年不详。

黄仪臣

黄仪臣，长汀县三洲乡人，清康熙四十一年（1702年）生于民间医生家庭。他自幼立志学医，扶危济贫，因自号"力扶"。他医术高明，被誉为"活佛"。雍正二年（1724年），汀州知府李璋之子患疑难杂症，久医无效。经黄仪臣医治，药到病除。李特赠"蜚声上国"金匾，从此，更是遐迩闻名，门庭若市。

一次，黄仪臣外出行医，见一骨瘦如柴跛脚老人，病卧路旁，生命垂危。黄仪臣将其背回家中，精心治理，老人转危为安。这位老人原是民间医生，善制丹膏丸散，见黄仪臣医德高尚，便将其祖传秘方及制药方法传授给黄仪臣。老人临别时说："医者以医德为本，若只图索取财物，贻误病情，等于谋财害命。"黄仪臣听后，深受教益，终身恪守。

黄仪臣研制的"抱龙丸""化风丹""健脾疳积散""君臣伤药"等成药，远销福州、汕头、香港、澳门及东南亚。"健脾疳积散"能治小儿消化不良、腹硬厌食及因疳积等致眼生疔膜等症，疗效显著。他还将健脾散制成糕饼，便于小孩服食。

黄仪臣著有《丸散炮制法》手稿。乾隆四十六年（1781年）病逝，终年八十岁。

杨澜

杨澜，字蓉江，号二樵，长汀人，生卒年不详。他自幼聪颖，敦厚朴实，沉默寡言，读书之外无他好。年十五饱读经史，为文崇尚汉魏之风，语言朴实而有文采。其少年所作，人皆以为出自文坛老手。

杨澜于清乾隆五十四年（1789年）中举人。道光元年（1821年）任四川昭化（今四川广元市）邑令，他在任期间，勤政爱民，尤以培养人才为重，曾捐钱五十千以作乡试路费，于是文风大盛。后因不愿沉浮官场，未半载辞官而归。嗣后，尝与宁化伊秉绶、吴贤湘为文字交，相互切磋，专心致志从事著述。著有《负薪初稿》（诗集）、《汀南廑存集》4卷，采辑五代以迄乾隆、嘉庆汀人之诗作。杨澜尤以史学研究著称，道光年间（1821～1850年）县守聘请其编纂县志，杨澜秉笔直书，二年稿成，时人称善。晚年，悉心将其弟杨浚《郡志补正》重加考订增删，写成《临汀汇考》四卷，内容赅备，考证翔实，为汀州八县提供了许多珍贵资料。清光绪四年（1878年），郡守刘国光提取盐息公款将之刊行于世，并为之序。

康咏

康咏，字步崖，号漫斋，长汀城关人，清同治元年（1862年）农历十一月二十七日生于世代书香之家。他自幼好学，敏悟超人，所学无不通达。十九岁考上秀才，二十一岁中举人，二十五岁赴京拜宝竹坡侍郎为师，学习诗文，每当闲暇，漫游京西北诸山。后三年，与宝竹坡长子伯茀遨游塞外，所到之处，无不赋诗题壁。次年南返，应聘为广东潮阳东山书院山长，从事讲学。31 岁再度赴京，参加会试成进士，后授内阁中书。光绪二十年（1894 年）甲午中日战争爆发，他与伯茀联名上书，请求投笔从戎，并商定若京都失陷，当以身殉国。不料，当局妥协投降，与日本签订《马关条约》。他便无意从政，毅然返乡从教，在汀州龙山书院讲学 4 年。当时，正值废科举兴新学，光绪二十八年（1902 年），他40 岁时自费东渡日本考察教育，回国后致力兴办新学。次年，在潮汕创办同文学校；一年后返汀创办汀郡中学堂。不久，被选为长汀县教育会首任会长。宣统二年（1910 年）创办新俊小学校，选为省咨议局议员、京师资政院议员。辛亥革命后，兴办实业，为避免粤商层层盘剥，他倡议汀人集资在潮州办盐业公司，被推为总经理。凡地方兴革，他无不倾力相助，深受汀人推崇。

康咏诗词造诣颇深。宣统二年（1910 年）辑为《漫斋诗稿》，凡 468 首，分为 6 卷，现存。时清末，朝政腐败，帝国主义入侵，国无宁日。他壮志难酬，忧国忧民之情发之于诗。其诗意"凄清婉丽，哀而不伤"，独具一格。

民国 5 年（1916 年）农历八月十二日，康咏在潮州病逝，终年 55 岁。其子康绍麟扶柩返汀，葬于金盆山。

江瀚

江瀚，长汀县南岩丁屋岭人，中国近代教育家、文学家。毓泽于盈盈汀水、青青龙山，江瀚年少聪慧，饱读诗书。后随父寓居四川，与巴蜀俊杰名硕缘遇濡染。清廷重臣张之洞奇其才，呵爱有加，视为"神童"。稍长，荐入川督奎俊幕府，被推为上宾。因博学高旷，哲思深邃，多与陈三立、杨锐、梁启超、汪康年等诗文往来，世传佳话。光绪十九年（1893年）被推任重庆致用书院、东川书院山长，培育大批天府俊杰。光绪二十四年（1898年），经江苏学政善化等拥荐，出任江苏高等学堂、师范学堂监督。光绪三十二年（1906年），应召任京师大学堂师范馆监督，培养了邹容、黄侃、乘志、胡先骕、向楚、刘哲等大批华夏栋梁。宣统二年（1910年），选为京师资政院硕学通儒、议员。不久简放河南开州、归州、陈州、许州、郑州道台，清廉自律，勤政爱民，深得广誉。宣统三年（1911年），署理布政使，竭忠尽力。民国初年（1912年），选任参政院硕学通儒、参政，第一届高等文法官考试主考官。光复后应聘任山西大学、北京大学教授，故宫博物院院长。民国16年（1927年）聘任国务院礼制馆总纂。民国24年（1935年）病逝于北平。

江瀚一生，著作甚丰，有《慎所立斋文集》《诗集》《北游草》《论阵厄言》《吴门消夏录》《孔学发微》等存世。史列《中国文学家大辞典》。

江庸

江庸，字翊云，晚号澹翁，祖籍长汀南岩丁屋岭村，清光绪四年（1878年）农历三月二十七日生于四川壁山（其祖父江怀廷曾为壁山县令，壁山即今重庆市壁山区）。他曾留学日本早稻田大学，清末历任学部普通司司员兼京师法政学堂教务长、修订法律馆纂修、法政学堂教习监督、大理院详谳处推事等职，武昌起义后，他随唐绍仪南下，与革命军进行"南北和谈"。

中华民国成立，江庸留任大理院推事，后调任北京法政专门学校校长、京师高等审判厅厅长、司法部次长、修订法律馆总裁，他曾创立京师第一模范监狱，设监狱工厂。民国六年（1917年）六月，张勋复辟，他避往天津。后历任司法总长、留日学生监督、修订法律馆总裁。民国13年（1924年）10月以后，任故宫博物院管理委员会委员、古物馆馆长，还与江有龄等创办私立朝阳大学。民国 20 年（1931 年）"九一八"事变后，他撰文谴责日本侵华行径。民国 24 年（1935 年）6 月，参加维也纳国际律师协会会议。次年，沈钧儒、沙千里、王造时等在上海被非法逮捕，他极力营救，出任沙千里、王造时义务辩护律师。

民国 26 年（1937 年），抗日战争爆发后，日本侵略军占据上海，筹组南京伪政权，汉奸温宗尧受命拉拢江庸，日军总司令烟俊六携同许丙来沪诱劝，均遭拒绝。同年 9 月，他到重庆出任国民参政会参政员，连任四届。

民国 35 年（1946 年），江庸返沪，继续从事律师事务。次年，被提名为"国大代表"候选人，他拒不参加竞选。后来，国民党当局迫令王善祥律师让席，他又致函拒绝。民国 37 年（1948 年）3 月，南京召开"行宪国大"，任命他为"大法官"，仍力辞不就。

民国 38 年（1949 年）1 月，副总统李宗仁邀请江庸等四人组成"上海和平代表团"，赴北平寻求和平，他欣然答允。2 月 14 日飞抵北平，22 日，毛泽东接见了代表团。谈完政事后，毛泽东问江庸最近作诗否，江回答偶尔有作，并将《感事》一首抄赠毛泽东。江庸返宁，与国民党要员晤谈，察觉他们无和平诚意。不久，国民党派遣正式代表北上议和时，便坚决推辞。同年 8 月 19 日，毛泽东发函邀请他前往北平出席中国人民政治协商会议，他欣然前往。

中华人民共和国成立后，江庸先后当选为全国政协委员、上海政协委员、上海市人民代表、全国人民代表大会代表，并任政务院政治法律委员会委员、华东军政委员会人民监察委员会委员。1953 年至 1960 年任上海市文史馆副馆长、馆长。

江庸自幼聪颖好学，擅长诗文，著作甚丰，主要有《趋庭随笔》《台湾半月记》《白花山诗草》等。1958 年，他大病初愈，选刊旧作《澹荡阁诗集》一册，因感精力日衰，自序中有"不复作"之语，将诗集寄给上海市市长陈毅，陈毅亲笔复信云："翊老惠鉴，尊集收到……大作早岁以情韵胜，晚岁以健劲胜。……先生诗留集太少，又宣言不复作，弟以为过矣。可否采纳弟之两项建议，将千篇诗之大部或全部刊行，宜破戒多作诗以反映人民新时代，大集中如'不辞攘臂为冯妇，只恐将头赠马童'，此等奇句何可以不作耶。"

1960 年 2 月 9 日，江庸在上海病逝，享年 82 岁，其夫人徐琛根据他的遗嘱，将家藏玉器 3 件、瓷器 69 件、书画 35 件及古籍书札等珍贵文物，捐赠给上海博物馆。

第三节
民风民俗

风俗源流

长汀民风淳朴。客家人勤劳善良,崇尚道德,讲究礼仪,特别尊师敬老,热情好客。不论城市或乡村,教师和老人都得到人们的敬重;不论何方来客,都有宾至如归的感觉。这和长汀源远流长的传统文化及客家人追求知识、乐善好施、向往未来有直接的关系。

长汀是福建省最有代表性的客家人聚居地,长汀的民风民俗,也就是客家民风民俗。长汀客家人源自中原,中国历史上北方的几次大战乱,迫使大批中原汉人南迁,其中有一部分定居在汀江两岸,与这里的土著居民融合。南迁汉人在人数、经济、文化上占了优势,经过数百年时间的融合,终于形成汉族客家民系。长汀地处闽赣边陲的万山之中,"千嶂深围四面城",有武夷山的阻隔,交通不便,而且历史上的许多重大战役对长汀波及不大,加上这里土地肥沃,气候宜人,百姓的生活较为安定,因而相对来说受到外来文化的影响较少,使许多中原汉族的传统习俗在长汀得到保留继承,也使长汀的客家习俗,深深刻上了中原汉族习俗的烙印。

宋代《临汀志》记载汀州风俗形势,"汀,山峻水急,习气劲毅而狷介,其君子则安分,义励廉隅,耻为浮侠;其小人则质直果敢,不以侈靡崇饰相高"，"妇不以蚕丝自工，惟事乎治麻绩苎，是以积贮有限，服用无华"。从这里我们可以知道，汀州客家习俗的特点是崇尚淳朴，讲究实际，安分守己，勤俭诚实，虽然长汀不事蚕桑，但是善于种植苎麻，用于纺织，衣食住行不追求华丽。这些习俗特点，在1000多年的历史长河中，随着汀州经济的繁荣，社会的发展，经过世世代代的传承、演变、改良，一些不适应社会发展的习俗逐渐被淘汰、摒弃，而体现中华民族优秀传统的习俗，如尊师重教、孝敬老人、勤劳节俭、淳朴厚道、热情好客等则世世代代保留在这片古老的土地上。

岁时风俗

春节习俗

农历十二月，家家户户开始筹办"年货"，赶做"年料"。男人们想方设法多赚些钱，多置办些年货，妇女们多砍柴割草准备过年。十二月二十五日为"入年界"，俗称"鬼锁山门"。此后，妇女们不上山砍柴割草，在家大扫除，搞卫生，迎接新年。

扫尘。也叫"打火弹煤"，用长竹扫帚满屋打扫。"腊月二十四，掸尘扫房子"。因"尘"与"陈"谐音，过年扫尘有"除陈布新"的含义，通过扫尘把一切穷运、晦气统统扫出门。这一习俗寄托着人们破旧立新的愿望和辞旧迎新的祈求。家家户户择定吉日打扫环境，清洗各种器具，拆洗被褥窗帘，洒扫六闾庭院，掸拂尘垢蛛网，疏浚明渠暗沟。经过彻底大扫除，室内室外窗明几净，心情无比舒畅，到处呈现一派欢乐气氛。

祭灶。也叫送灶君。十二月二十三祭灶，有"送灶君爷上天"之说。事先从集市购回灶君神像，写好灶疏（一家大小姓名年龄），准备好元宝、香烛、三牲、酒、素果等祭品。祭品多用糖类等甜食，为求"把灶王爷的嘴抹甜了，在玉皇大帝面前多奏好事"。二十三日晚饭后把灶台洗刷干净，在灶边放一张"八仙桌"，将祭品摆上，全家老少齐集灶神像前

97

行礼，虔诚敬送灶君返回天庭述职，祈求灶君在玉帝面前美言赐福消灾，来年财丁两旺，合家平安。一般人家拜祭时只向灶君祈祷几句"赐福消灾，保佑合家平安"之类的吉祥话。有文化、有知识的人家还要郑重其事地摆祭，读祭文，祭文如下："惟君，仍合家之主，君为五祀之先，朝炊暮厨，岂无亵渎之处；合家兴旺，全赖扶持之力，既感恩于平日，敬酬谢于此夕，伏冀神君，俯鉴微忱，保长幼以安宁，佑添丁而增福。尚飨。"祭完后把旧的灶君取下烧掉，三十日辰把新像贴上。

蒸岁饭。除夕前一天，家家户户用饭甑蒸岁饭，供奉时要在饭中插上十二双新筷子、十二颗大蒜，如果是闰年要十三双新筷子和十三颗大蒜，岁饭要供数日，取"岁有余粮"之意。初三早晨重新蒸热食用。大年初五才可以放生米下锅。

一家老少忙到十二月三十日，年货、年料全部备齐，合家欢乐，特别是小孩更是欢天喜地，吃得好，穿得好，又不挨大人的呵斥打骂。外出经商、做工的人最迟也在大年三十赶回家吃"团圆饭"。这天人们也最为忙碌，不知苦累地去做各自要做的事，但大家都是乐呵呵的满脸春风。

农历十二月三十日，又叫除夕，这天要做的事很多。

敬祖先。除夕早餐后，每家每户开始杀鸡，在自家祭祀祖先。凡是当年添了男丁的要派人到宗祠打扫卫生，将宗祠墙壁清洗一新。午后，陆续有人携礼盒、三牲、爆竹、元宝、香烛等祭品前往宗祠拜祭进香。每到大年三十午后，宗祠香火缭绕不断，爆竹声不绝于耳，一直延续到黄昏。

贴春联、"福"字、年画。春联也叫对联、门对、春贴、对子、桃符等。除夕当天在门厅贴对联，在家庭用具上贴红纸，叫作"封岁""上红"。每逢春节，无论城市还是农村，家家户户都要精选用红纸写的对联贴于大门、后门、厨房和房间门上，为节日增加喜庆气氛。这一习俗起源于宋代，在明代开始盛行，清代时春联的思想性和艺术性都有了很大的提高。

春联多以工整、对偶、简洁、精巧的文字描绘时代背景，抒发美好愿望。有的请人代写，有的自己书写，现在很多是购买。

洗热水澡。有些地方是洗柚叶澡。除夕当天午后家家户户烧好开水，全家每人都洗热水澡，洗掉污秽、"穷气"、"衰气"，干干净净进入新的一年。洗过热水澡后换上新衣、新帽、新袜、新鞋，从头到脚焕然一新，因此，洗热水澡含有除旧布新之意。换下的脏衣服当天要洗涤干净。

吃团圆饭（除夕）。也叫"食年酒"，就是年三十晚上合家团聚饮酒。除夕的团圆饭是最为隆重的家宴，规矩也多。一是分家后的儿子除夕回到父母身边共吃"团圆饭"。二是排座次。年长者、老者坐上座，然后按辈分往下排。同时，上座空几个位置，放上碗筷，以示请祖先一起回来过年。三是敬祖、敬神。开饭前，先斟上一杯酒，双手敬奉到祖先牌位前和有天空的地方，如天井或大门口，虔诚邀请祖先和各路神灵来家过年，并将酒洒地，然后才可以开始吃饭。四是所有制作好的新年菜肴，每样都端一碗上桌，菜肴多的用大圆桌，表示丰盛。五是爱幼。每家都留好鸡腿，如果有两个以上小孩，翅膀臂也要留下，席间，给每个老人小孩一个鸡腿。六是开戒。平时家长不准小孩饮酒，除夕团圆饭小孩可适量饮酒。七是禁忌。男女老少不能说不吉利的话。有的人担心小孩无法遵守，事先在餐厅墙上贴上写有"孩童之言，百无禁忌"字样的红纸条。不准跌碗、跌筷，如不慎跌了碗筷，边收拾边念"大吉大利"。如打破了碗要将破碗用红纸包好放在不显眼的高处。吃饭时，小辈要给长辈敬菜敬酒，并祝老人福禄寿全。合家老少彬彬有礼，说话和气、亲切，充满团结、祥和、敬老爱幼的气氛。

发压岁钱。压岁钱又叫"利是"。长辈用红纸做成红包，将新纸币装进红纸袋内给每一个小孩发放，叫"压岁钱"。"岁"与"祟"谐音，发压岁钱可以压住邪祟，晚辈得到压岁钱就可以平平安安度过一年。小孩可以自己支配压岁钱，父母不加干涉，这是小孩最为高兴的时刻之一。

有经济收入的晚辈也给长辈送"利是"。

守岁。也叫"点岁火"。吃罢团圆饭，大厅、厨房、各个有人住的房间都点上灯盏。有食用油灯，也有煤油灯。整座房屋通宵灯火通明，长辈们将红包放在供桌上或灯盏下，称"压岁"。"一夜连双岁，五更分二天"。"岁火"从除夕晚点亮到初二晚上才能熄灭。除夕之夜，点亮"岁火"后，家人欢聚一堂品尝香茶、水果、瓜子、花生、糖果等，长辈给晚辈讲家史、族史，总结一年的得与失，规划新年的打算，教育晚辈要牢记祖训，继承祖德，勤俭持家，团结和睦。讲完家史、族史后，有的敲锣打鼓，有的放烟花，一律不能早睡，谓之"守岁"。一般等到午夜时分，开大门、放鞭炮迎新岁后才入睡，小孩可以例外。有的人索性闹到天亮。通宵守夜，象征着把一切邪瘟病疫照跑驱走，期待着新的一年吉祥如意。年长者守岁为"辞旧岁"，有珍爱光阴的意思；年轻人守岁，是为了延长父母寿命。

开大门。正月初一凌晨，一般为子时，为送旧迎新时刻。吉时到了，家家户户在厅堂摆上冰糖、橘子、苹果等三种素果，意示来年甜美、吉利、平安，打开大门，焚香礼拜，大放鞭炮，迎接新年。这时每个角落都可以听到震耳欲聋的鞭炮声，真是万炮齐鸣，此起彼落，十分热闹。一般由长辈打开大门，大声吆喝："开门大吉，万事如意；脚踏四方，方方得利。"开大门后，士农工商分别从各自的利益出发，按"通书"指明，择吉利方向，以示"出天方"迎喜神、贵神、财神等各路神灵。一家之长还要看看全家人的"流年"，看看"流年"中有没有注明谁要注意些什么事，比如车舟高楼的危险，要不要送五鬼、贴太岁菩萨，等等。

拜年。正月初一开始就要拜年了。

大年初一。这一天是岁之朝(zhāo)、月之朝、日之朝，民间称为"三朝"。这天是不能干活的。相传这天如果干活的话，一年都很劳碌，没有清闲日子过。这天禁忌也多：除了不能说不吉利的话外，还不能换衣服，不能扫地板倒垃圾，不能下河挑水，不能放牛、放猪、放鸡鸭，不能打骂小孩，不能动土搞建筑，不能打破家什。有一件不顺心的事发生就会挂记一整年，所以年初一处处要特别小心在意。相互见面切忌问病讨债，否则不但讨没趣还会引发纠纷。这天，早、中、晚三餐都是素食。素菜有腐竹、粉丝、金叶（黄花菜）、木耳、豆腐皮、香菇、芹菜、蒜、葱等，虽然无鸡、鸭、鱼等肉类，但也很丰盛。这天，不论男女老少都早早起床。相传此日不早起床，就意味着一年的身体会不好。起床后刷牙洗脸，女的下厨房准备早餐，事实上饭和素菜隔晚已经做好了，再热一次就是。早上用芹菜、蒜、葱、萝卜丝等煮米茶（糊）吃，祝愿一家人吃了芹菜更"勤快"，吃葱能"聪明"，吃蒜会"划算"。男的端着素盒盛满糖果、年糕及元宝、香烛等到祖祠拜祭，祠堂祭台上摆满了各式各样的素食供品，老少行礼，礼毕回家吃早餐。早餐后，父母带上小孩和橘饼等"果子"到长辈家中拜年，祝长辈长命百岁、添福添寿、新年快乐。长辈给小孩一些糖果还礼，有的还包"挂颈"（即红包，过去以红绳穿铜钱挂在小孩颈上，叫"挂颈"，现仍沿用旧名）。小孩们穿着新衣，欢乐嬉戏，有的争着向年长者拜年："公公叔叔家发财，糖子饼果拿给涯（我）。"那些辈分高、年岁大的老者，几乎整天都有晚辈登门拜年，应接不暇，虽累点但也乐意和欣慰。主人备好茶果招待客人，还要留客人吃拜年酒，丰简随便。拜年期间，经常是早晨吃到晚上，吃遍多家菜，尝遍多家酒，醉意蒙眬回到家里头。

大年初二。又叫"团年"，走亲戚拜年，是日开始吃荤。这一天是已出嫁女儿回娘家的日子，也是新婚女婿"上门"（女婿第一次到岳家拜年，叫"上门"）的日子。路上人群来来往往，妇女们手提鸡臂、橘饼（或冰糖）、鞭炮、香烛和其他孝敬长辈的物品，到娘家与父母兄弟姐妹欢聚。有的与丈夫、孩子同行，有的独自一人前往，有的当天来回，有的小住几日。有的岳家的兄弟叔伯轮流请吃，有的几家人的酒菜端在一起，热热闹闹，其乐融融，不醉不显示热情。

大年初三。早上吃"岁饭"，有的是除夕前一天蒸好的，有的是正月初二晚上蒸好的，饭上插上筷子，家中有几个人就插几双，再插上一根带叶树枝，有的还有橘、柚等水果。吃岁饭前先把饭摆在"当天"（就是朝向天空）的神位上，供奉天神和祖先。岁饭有鸡有肉，与大年三十吃团圆饭差不多。这天不能杀生，鸡在初二杀好或过年时留下。初三又叫"穷鬼日"。一早起床，全家齐动手大扫除，俗称"扫穷鬼"，扫得越干净越好，地上有一点点纸屑之类东西没扫净就会被视为"穷鬼"。打扫时口中还要念念有词"穷鬼出、富贵入"。垃圾集中送到远离家门的野外河边、路边烧掉并放鞭炮，表示已将"穷鬼"赶走。年初三扫地虽含有一些迷信色彩，但也合乎卫生要求。年初一、初二均不能扫地，垃圾堆积多了，来一次大清理也是应该的。因这一天是"穷鬼日"，全家老少不去串门，不慎进了别家的大门，会被他人视为"穷鬼"，不受欢迎。如有特殊情况非登门不可，就将主人叫出门外叙谈，现在这种认识改变了。

大年初四。妇女开始携带猪肉、年糕之类礼品回娘家、走亲戚，大家结伴同行，一路说说笑笑。男人开始开展文体活动，又叫"闹新年""搞新年"。民间传统文艺节目有"舞狮""舞龙""打马灯"。

大年初五。出年假。这天是灶君下凡"回家"的日子。长汀人认为灶君是十二月二十四上天，正月初五下凡"回家"。因此家家户户在头天晚上准备好丰盛的牲醴，天刚亮便烧香照烛，燃放鞭炮，迎接灶君归位。厅堂的祖宗神像可以收起，外出务工干活的可以启程了。

正月初五是财神下凡的圣日、吉日，大小店铺大年三十关门后，选这天清早开市，必能日日招财进宝。"开市"，又称"开工"，店东备好未煮鲤鱼一条，鱼身用红纸包裹；熟鸡一只，头向上、脚藏于腹内、肠脏负于背上，口含红枣；熟猪脯肉一块或烧猪肉一大块或乳猪一只，加少许猪猁及猪横猁；客家煎堆及红包各五个、松糕一个，上贴有钱红封包；

各类生果任选五个；红枣年糕一盘；用红纸包裹的客家芥菜或生菜连根两株；九成满客家米酒三杯，祭土地财神则五杯；七成满清茶三杯，祭土地财神则五杯；筷子三双，祭土地财神则五双；招福钱币、神祈衣宝各一份。另外，在财神像和土地神牌前，还要各插上数枝鲜花，以"香花娱神"邀请财神、土地的到来。天一亮，将店铺内外的灯全部点亮、打开，在店铺门前摆设香案，吉时一到，便在香案上插一炷长寿香，祈求新的一年事事顺境，生意兴隆。要请伙计、店员吃饭，叫请开工酒。现在多数是发红包。

立春。也叫"交春"，是二十四节气之首。届时，备香案烧香照烛，放鞭炮,贴上"迎春接福""春临福至""春福满堂"等红笺，名为"接春"。民间认为立春这一天的天气可预兆当年的事物和气候，有"交春晴，事事平""交春落雨到清明"的谚语。"交春"多数在正月初三前后，有时也在除夕前几天。如果"交春"在除夕前，新年整年没有立春节气，就是"瞎目年"，过去有不利于结婚、孩子破学的说法，现在没有了。

从除夕到初五，天天早、晚要焚香照烛，燃放鞭炮。从初五开始，可以进行零星的农事活动，开店经商的开市营业，乡村墟市买卖也开始热闹起来。

元宵节。又叫"正月半"，是一年中第一个节日，家家户户筹办菜肴，喝酒过年。元宵节吃"元宵"，"元宵"用糯米粉、红糖、花生米、芝麻等做成，意在祝福一家团圆和睦。同时预示年已过了，此后要各奔前程，预祝在新的一年创出更好业绩。民间举办各种灯会"闹元宵"，玩灯、赏灯好不热闹。迎花灯以涂坊、南山、河田、三洲等乡（镇）尤为有名，还有一种灯名叫"玻璃子灯"，由数十盏到上百盏灯组成一个大花灯，颇具特色。

惊蛰。惊蛰这天，长汀客家人炒豆子、炒麦子，或在热水中煮连毛芋子；在橱脚、桌脚、柱脚、墙脚等处撒上生石灰。这两种做法叫做"炒虫炒豸""混虫混豸"。惊蛰是冬眠昆虫开始复苏之时，客家人主张早期灭虫。

春社。长汀客家有在社日祭祀土地神、五谷神的风俗。每年立春后的第五个戊日是春社，客家人装扮人物故事，锣鼓喧天，迎神游行，祈求丰收，但并不普遍。

清明。清明期间，长汀客家人扫墓，祭祀祖先，从春分开始到清明达到高潮。祭祀活动非常讲究。在这期间，外出的家人多赶回家祭祖。

端午节。端午节，长汀客家人又称之为五月节，是一年中"五、八、腊"三大节日之一。过节除沿袭中原习俗用竹叶包粽子、吃雄黄酒、赛龙舟、挂菖蒲等外，还在五月初五那天，男女老少都用"药把水"洗浴。"药把水"是用山上能入药的草木煎制而成。

入伏。长汀客家人在入伏这天家家熬"仙人冻"吃。习俗认为，吃了"仙人冻"好度炎热的三伏天。"仙人冻"以仙草为主，配以淀粉熬成。

六月食新。长汀客家人"食新"就是尝新米。日子一般选小暑过后，逢卯日"食新"。在乡间，割下稻谷碾成新米，做好饭供祀五谷大神和祖先。

中元节。农历七月十五日是中元节，而长汀客家人的中元节却是七月十四日。相传宋代末年，客家人正准备过节，元兵突然入侵，因此改为提前一天祭祀祖先，以避兵扰。七月十四日祭祀祖先，七月十五日祭祀"野鬼"。

中秋节。客家人过中秋和中原习俗大致相同。但长汀客家还有守"月华"的习俗。据民间传说，守到"月华"天门大开，月亮大放奇异光彩，月光菩萨降临，看见者求福得福，求财得财，因此有人在月光下守"月华"至深更半夜。

重阳节。农历九月初九为"九九"重阳节，即长汀客家人俗称的"九月节"。家家户户做米冻，打糍粑，杀鸡鸭，买猪肉，宴请亲友。此外，还有登高、赏菊活动。

九月十四。农历九月十四，原为长汀城区庙会，古时迎神拜佛十分隆重，大街小巷水泄不通，家家户户宾客满座，各种民间文艺演出通宵达旦，热闹三天。现在已成为闽粤赣三省十四县的物资交流会期。

冬至。冬至本是农事节气，但长汀客家人称之为"冬年"。客家人历来有冬至进补的习俗。汀州（长汀）客家米酒向来在冬至日添水，因为冬至添水的酒色、香、味俱佳，而且经久不坏。

中原风俗的传承

汀州客家婚嫁习俗，保留了古代中原人的婚俗遗风。汀州客家人的祖先从中原地区迁徙到南方后，千百年来祖祖辈辈传承着中原地区的古代"六礼"婚嫁习俗，虽然和当地原住居民融合后，添进了当地的风俗，但整个婚嫁习俗与中原古代"六礼"大同小异。

汀州的丧葬习俗保留了中原古代"五服"的遗风。"五服"是指送葬人与死者五种不同的亲缘关系，因而穿戴五种不同的孝服参加送葬。而汀州送葬也同样因不同的亲缘关系穿戴不同的服饰，服饰有严格的区分，不能混乱。

汀州的岁时习俗与中原各地大致相同，但同中有异，蕴含着汀州客家独特的风情。汀州客家人特别重视"立春"（汀州人将立春称为交春），俗话说："一年之计在于春。"交春时燃烛烧香的仪式叫"接春"。立春这一天，家家户户早早就在厅堂摆好供果香案，供桌上贴着"春到财来""春福满堂""春临福至""春光明媚"等红纸条。立春时辰一到，家家大门洞开，燃放爆竹，迎接春神的到来，城里城外顿时鞭炮齐鸣，热闹非凡。

汀州的民俗活动主要有"花朝""打醮""撑社""放焰口"等。特别值得一提的是在长汀流行的农历二月初二的"花朝"节，"二月二，龙抬头"这一游春、赏春传统节日，是中原汉人南迁带来的风俗，千百年来植根于汀州的大地上，至今依然盛行。每年元宵节吃春卷的习俗，也是由中原传来，保留至今。传统的民俗活动是民间的盛大节日，长汀山村里搭台唱戏，提傀儡，热闹非凡。四乡八邻，远方的亲友，出嫁了的闺女，都纷纷赶来赴会，顿时人山人海，盛况空前。汀州民俗活动大多在农闲的春季和粮食收成后的秋季举行，一年一度有固定的时间。活动异彩纷呈，种类繁多，各种民俗艺术一展风采。千百年来流行在民间的打幡、花灯、抬阁、十番锣鼓、长锣鼓、打花鼓、踩马灯、船灯、高跷、龙灯、打钱棍、民乐演奏、鼓吹等纷纷大显身手，各自拿出拿手好戏。

汀州人祖祖辈辈传承着客家先人从中原带来的古老文化，经过一代又一代的继承发展，一些至今仍然保留了原始古朴的风貌，一些有了更新、变化。近年来广场舞、健美操等也加入民俗活动的行列，原始的和现代的集于一体，构成了色彩斑斓的民俗画卷。

第四章

商贸中心

| 大美汀州 | 历史名城 |

当年汀江每天往来运输的货船川流不息，有"上河三千，下河八百"之称。至明清时期，由于汀江商业船运的快速发展，地处万山之中的汀州城，奇迹般地成为闽粤赣边物资集散重镇和福建古代六大转口贸易中心之一。《临汀志》记载，宋代汀州"阛阓繁埠，不减江浙中州"。汀州城万商云集，店铺林立，"十万人家溪两岸，绿杨烟锁济川桥"。

第一节
传统市场

由于汀江航运的快速发展，汀州古城的商业贸易日益繁荣，宋代以来就在汀州古城形成了多个商业贸易的中心，即古代汀州城内传统贸易的"市"。这些"市"是由于经济发展、物资交易兴旺应运而生的。据宋开庆元年（1259年）《临汀志》记载，长汀县就有"水东市""杉岭市""何田市"。至清代，长汀城内已形成了五个"市"，而且由于物资交易的需要，每一个市都侧重于某些商品的交易，各个市之间既是汀城商业的综合市场，又有部分商品的侧重，这些传统的市使汀城呈现异常繁荣的景象。乾隆版《汀州府志·城池》和光绪版《长汀县志·城池》都记载了汀城的市。

店头市

店头市即现在的店头街，它北起古镇南门与十字街的交叉路口，南至古城门惠吉门，与惠吉门码头相接，全长约1华里。这条街是汀州古城最古老的商业街之一，形成于宋治平三年（1066年）。汀州城池扩大后，商业中心转移到这一带，宋以前唐代的街区仅限于子城之内即现在长汀一中校园及三元阁一带。

店头市街有近百家商店，街道狭窄，基本是前店后宅的两层建筑，完全保留了明、清时期的建筑风格。长汀地处山区，木头多，所以店头

109

● 店头街

街的商店、民宅多为木构。楼下前间是商店,后间多为厨房和货仓,楼上为住宅。楼上住宅靠街处都开有格式木窗,由于街道仅三米来宽,所以街道两边的住户若打开窗户说话聊天,就好像面对面。许多老街坊、邻居就是靠在各自的窗台上东家长西家短可以说上大半天。

店头街上经营的大多是裁缝、小五金、箍桶、雕刻、饮食、油盐酱醋、豆腐、香烛、理发、酿酒等。在靠近五通门码头处有一溜的仓库,那是商船靠码头卸货后,货物的暂存处。

2011 年店头街荣获"中国历史文化名街"的称号。

水东市

水东市即水东街,是长汀县城最繁华的商业街。因为坐落于汀江东岸,历史上称为水东。宋代汀江船运开通以后,整个水东沿岸陆地成为庞大

● 水东街

的交易市场。后来随着水东市两边房屋的增多，整个集市发展为一条繁华的大街，从水东桥沿汀江一直到太平桥，东西走向，全长近千米。

　　明清时期是水东街发展的鼎盛时期，长达 1 华里的水东街，建成我国南方特色的骑楼建筑，行人从街道两边的骑楼下行走，雨天可免除雨淋之苦，夏天可免烈日曝晒。整条街道商店一间连着一间，商品应有尽有、琳琅满目。汀城的布行、纸行基本集中在这里，街上布店、百货、京果、油盐、饮食、裁缝、国药、皮革、纺织、文具、纸张、诊所等样样齐全。汀城著名的大纸商、布商、米商以及他们的商行、货栈大多分布这条街上。

　　在长达数百年的时间里，水东街不仅是汀州城最繁华的商业大街，在汀州八县中也是首屈一指的商业贸易中心。汀州人对水东街具有特殊的感情，水东街就如同北京的王府井、上海的南京路、厦门的中山街一样，成为汀州人心目中抹不去的商业标志。

五通庙前市

五通庙前市即现在的五通街，位于汀城水东桥至五通桥之间的城墙内侧，因街道内有一座著名的五通庙而得名。五通庙前市紧邻水东桥及司前街、水东街，同时又连接五通门，城门外是五通门汀江码头，昔日在五通门内有石灰批发市场，石灰的销量极大，因而五通门码头通常十分繁忙。加之街道上的五通庙香火旺盛，香客极多，五通街也成为汀州城内较著名的古街。街上有商店 50 余家，主要经营米、豆、五金、豆腐等商品。

● 五通街

河边市

府志和县志记载河边市在五通门外。五通门内有一条约 50 米长的街道与五通街呈丁字形，五通门外是汀城的五通码头。昔日在五通门内有多家石灰批发商店，长汀农村石灰窑烧制的石灰主要是新桥、庵杰一带的，用船运到五通门码头卸货。过去汀城对石灰的需求量极大，一是用于建筑上如石灰粉墙、三合土地板、砌石基础墙等；二是用于造纸业，浸泡苎麻需用大量的石灰，许多纸槽如古城乡的部分纸槽、大同乡的部分纸槽所需的石灰都从汀城周转。由于五通门外有狭长的墙根路，紧临汀江，大批的石灰经常在河边的墙根交易，因而被称为河边市。从码头通过城门，两边各有十来家民宅，全部为上店门板的传统式样，这些民宅都被石灰老板租用，作为存放石灰的场地。过去石灰全部用竹篓打包，竹篓像一个大冬瓜，篓内垫有白叶（长约 1.5 尺，巴掌大的竹叶），称为石灰篓，每篓装石灰 35 斤，每担两篓 70 斤。石灰市场的石灰从庵杰、新桥等乡村运来，每一船可运 5000 斤（70 ～ 80 担）左右。每天都有两三只船在五通门码头卸石灰。除了石灰之外，也有一些其他的货物如米、盐等（少量）也在五通门码头卸货。交易市场的活跃也促进了饮食业的发展，五通门内的直街还开了好几家饮食店，也有一两家客栈，方便来往的货商。

河边市一直到 20 世纪 50 年代还存在（但不叫河边市，而称为五通门石灰市场），随着汀江船运的萎缩，河边市也逐渐冷落，现在已成为纯粹的居民区了，但商店门面还保留着好几家，从中依稀可以辨认出昔日的光景。

除了古代的"市"以外，整个汀城都是一个大市场，传统商业街道纵横交错，店铺相当密集，真实地折射出当年汀城作为闽粤赣边物资集散重镇的繁荣景象。而且汀城历史上绝大多数的传统商业街延续到了现在，为我们提供了寻访旧时印迹的场所。

第二节
商贸网络

　　长汀县城作为闽粤赣边区重要的物资集散中心，商业贸易相当繁荣。

　　长汀城的商人分为"行商"和"坐商"两大类。所谓行商，是指外地商家、公司、商行派到长汀督办货物的代表，他们往返于长汀与闽粤赣各县之间，将长汀的土特产运销到外地，又将外地的货物运来长汀县城。一般来说行商在长汀及外地都有货物的销售渠道及进货渠道，他们十天半月往返一次。所谓的"坐商"即在汀城开设商店、行号，坐地收购长汀的货物发运到外地，或者在汀城开店经营各类商业业务，不必往返两地之间，专门从事批发、零售和货物的中转。从汀城的传统商业来说，坐商要多于行商，但往往行商可以获取更大的商业利益。

　　汀城货物的流通使汀江的航运量日益增大，江上船只成百上千，为了适应船运发展的需求，仅城内汀江段就有五个货运大码头，每天成千上万担的货物在这里吞吐。汀州周边20多个县的土特产从四面八方汇集长汀城，由汀江发运到广东。而广东来的货物集中到汀城后由汀城通过像蛛网一样的渠道发往周边20多个县，形成了以长汀县城庞大市场为中心的面向闽西、赣南、广东进行物资吞吐的商业网络。

闽西地区网络

除了长汀县城及长汀农村可以在县城直接交易，占了天时、地利、人和之便，"近水楼台先得月"之外，商业网络还以长汀县城市场为中心，向汀州所属的宁化、清流、归化、连城进行物资的吞吐和中转。主要是经广东运到长汀县城的食盐、西药、食糖、布匹等中转批发到上述各县，上述各县的毛边纸、大米、黄豆、木材等经汀城汇集后发运到广东各地。上杭、武平、永定由于地处汀江下游，许多广东来的货物并不到汀城中转，同样杭、武、永三县的土特产也直接船运到广东交易。但这三县都有商人在汀城收购土特产从事贩运。

赣南地区网络

长汀县在历史上就与江西省的瑞金县（今瑞金市）及石城县有密切的商业往来，长汀与它们毗邻，特别是边界的一些乡镇，习俗相同，语言相近，相互通婚。这样一种地缘关系毫无疑问地促进了商业经济的往来。食盐从长汀中转，进而逐渐形成长汀县与瑞金、石城、赣州的商业网。大量商品又通过赣州辐射到赣南的十八个县，再由这十八个县辐射到更多的乡镇。赣南各县的大米、黄豆、食油、烟叶等运到汀城后再转运到广东。

广东地区网络

广东地区网络是汀城商业营销中最大的网络，它包括潮州、汕头和广州、佛山地区，并由此而延伸到我国的港台和东南亚各国。

汀城大批的大米、竹木、纸都是先通过汀江船运到潮、汕以后再辐射到各地。昔日汀城有相当多的商人在潮、汕及广州从事货物的转口贸易。当年潮汕及广州是通往我国的香港和台湾及东南亚各国的重要通商口岸。汀城商业向海外发展，以潮、汕、广州为基地，大量中转汀产的

115

木材、毛边纸及各类冥纸，形成了以广州为中心的商埠网络。

其他地区网络

　　清代及民国时期，汀城商业市场与武汉和上海也有密切的往来。武汉是"九省通衢"，上海是华东的最大商埠。上海、武汉的辐射也包括长沙、南昌等城市。

第三节
汀江航运

　　汀江是福建省境内著名的大江之一，也是福建省唯一一条由北向南流入广东境内的河流。宋绍定五年（1232年）汀州到潮州食盐船运的开通，成为汀江航运史上具有划时代意义的大事。从此，汀江航运成为闽粤边商业往来的黄金水道。汀江航运的发展，使汀江沿岸许多村庄的农民成为船工和码头搬运工。在700多年的岁月里，汀江除了带来商业繁荣外，还改变了无数人的命运，成为沿江农民赖以生存的重要经济来源，给汀江流域客家人注入了无限生机与活力。

汀江航运的开发

　　汀江虽然千百年来浇灌着两岸的土地，哺育了一代代客家人，但是汀江的商业运输功能没有得到及时开发利用，这种状况一直延续到宋代绍定年间（1228~1233年）才得到改变。由于汀州不产食盐，宋以前汀州及长汀、宁化、清流等县食"福盐"，"福盐"是指从福州产盐区运来的盐。食盐从福州起运，盐船经闽江溯流而上到将乐县上岸，然后雇人从将乐挑到明溪县，从明溪县挑到清流县最后才到达汀州。或者请挑夫从将乐县经明溪县、宁化县到汀州。盐船若要避开九龙险滩，也可从福州船运到永安县小陶上岸，然后请挑夫从永安县经连城县运到汀州。以

● 汀江船运历史照片

上三条"福盐"的运盐路线路途艰辛。如果遇上雨季或闽江的丰水期，盐船不能通航，大量食盐积压在福州，往往头年的盐要第二年才能运到汀州。而且由于奸商操纵，盐价十分昂贵，汀州老百姓怨声载道。

改变汀州食盐昂贵的状况，从根本上抑制贩私盐现象，唯一的办法就是降低盐价，保证食盐充足供应。宋绍定年间（1228~1233年），汀州知州李华和长汀县令宋慈认为，汀江的下游是韩江，韩江出海口是潮州，汀州与潮州"乃一水之便"。宋代，潮州也是产盐区，如果汀州改运潮州盐，十分便利，路途可以大大缩短，节约大量挑夫的费用，盐价就可以降下来。于是李华、宋慈请求"更运潮盐"。经核准，从宋绍定五年（1232年）开始，汀州更运潮盐。民国《长汀县志》称，"汀人之食潮盐，自是时始"。低价的潮盐，大受汀州百姓欢迎，由于食盐充足，贩私盐已无利可图，自然得到止息。

汀州与江西虔州（今赣州）毗邻，虔州也是缺盐区，过去的盐从淮北和漳州运来，质量不好。汀州改运潮盐后，虔州各县的食盐也改运潮盐，全部由汀州收算后，再发运到虔州各县。虔州人口是汀州的三倍，食盐运量十分大。因此，每天汀江上往来汀州、潮州之间的盐船十分繁忙。艄公们劈波斩浪，挥篙江中，穿梭往来于汀州与潮州之间。清代长汀籍进士康咏《汀江舟中》诗中记载："盈盈江水向南流，铁铸艄公纸作舟。三百滩头风浪恶，鹧鸪声里到潮州。"

宋代汀州与潮州食盐船运的开发，揭开了汀江商业贸易的新篇章，在汀江商业运输史上具有划时代的意义。除了食盐是当时船运最大宗货物之外，汀州商人利用船运价格低、成本低的优势，大量从事商业的运输，其他货物的船运也应运而生。他们将汀州及赣南的土特产如土纸、大米、木材、棉花、苎麻、陶瓷等运到潮州、汕头，再通过潮汕古港，连接海上丝绸之路，销往我国的港澳台及东南亚各国；将广东的布匹、京果、药材、食糖、海产品等运到汀州。汀州与广东商业贸易迅速得到发展，汀江运输十分繁荣。至明清两代，汀江成为长汀至上杭、永定、大埔、梅州、潮州、汕头之间的经济大动脉，每天在汀江上往来运输的货船成百上千，有"上河三千，下河八百"之称。"上河"是指从永定峰市、上杭逆流而上到汀州的货船，"下河"是指从汀州城出发往下游方向的船只。食盐运输，带来了汀江商业运输的黄金时期。

汀州主要货物的外销

汀州土纸的外销

长汀县是福建省手工造纸第一大县，1993 年 8 月新编的《长汀县志·卷九·土纸》记载,据民国 28 年(1939 年)统计,长汀全县有造纸作坊 620 个,遍布全县 100 多个村庄,年产纸 3190 吨。民国 35 年(1946 年)长汀全县有造纸作坊 625 个,产纸 3813 吨,约 10 万担。长汀生产的玉扣纸,自宋代以来长盛不衰,是中国手工造纸的名牌产品,在国际市场上享有盛誉,自宋代以来就畅销粤港,并经海上丝绸之路销往世界各地。到明清时期,汀州土纸更是名声大噪,几乎垄断广东土纸市场,畅销港澳台、东南亚。昔日广东及东南亚华人社区需要大量的玉扣纸,他们只购汀州品牌,所以汀州生产的土纸,在每刀纸的边缘都盖有汀州造纸作坊长方形红色印章,以此作为标记。

汀州纸商还广收宁化、将乐、清流、上杭、连城等县生产的土纸,每年有数十万担土纸行销到广东,从潮汕运到广州,再由广州转口到港台、东南亚和欧美华人社区。

2014 年 10 月 21 日《东莞日报》《新华广东快讯》报道,昔日,"广州是海上丝绸之路第一大港","是海上丝绸之路在中国的始发港和发祥地,是中国唯一两千年不衰的对外通商口岸"。2000 多年以来,广州一直在海上丝绸之路中具有无可替代的作用。汀州客家商人通过汀江航运将土纸运到潮汕,然后从潮汕海运到广州,再从广州经海上丝绸之路销往港台及世界各国。汀州客家纸商在潮汕、广州等地开设纸行,大量从事汀州土纸的营销,成为在广东盛极一时的汀州纸业商帮。

据民国 24 年(1935 年)统计,当年汀州城的纸行、纸庄有 101 家。到民国 34 年(1945 年),发展到 125 家。这些纸行、纸庄几乎无一例外地把土纸船运到广东,经海上丝绸之路销往港台及东南亚各国。

根据长汀县志记载,到清末、民国时期,汀州客家商人在潮州、汕头、广州、香港等地开设了数十家的纸行。其中著名的纸行如下。

潮州:有汀州纸商开设的"长安纸行""荣丰纸行""长丰纸行"等十多家。

汕头：有汀州纸商开设的"进安纸行""连兴纸行""公兴纸行"等十多家。

广州：有汀州纸商开设的"长兴纸行""公安纸行""德和纸行""永丰纸行""安乐庄纸行""建昌隆纸行"等数家。

佛山：有汀州纸商开设的"长连纸行""长兴纸行""建兴纸行"等数家。

香港：有汀州纸商开设的"汀州纸行""南连昌纸行"等数家。

除以上大商埠外，汀州纸商还在广东的韶关、惠州、老隆、梅县，江西的赣州、吉安、南昌开设纸行。

汀州大米的外销

汀州客家商人对外经销的商品中，除了土纸之外，粮食是第二大宗。汀州粮商除了收购长汀本县生产的粮食外，还大量收购赣南瑞金、石城、宁都、于都以及宁化等县的粮食。江西瑞金、石城、宁都、于都等县都是粮食生产区，历史上每年都有大量的粮食调出江西进入福建。宁化县是福建省著名的产粮县之一，其大量的粮食被汀州粮商收购。当时从宁化挑米到汀州城的挑夫每天达百人以上，用鸡公车（即独轮车）运粮到汀州的每天都有三四十辆。江西瑞金方向挑米到汀州城的挑夫也有近百人，鸡公车数十辆，还有不少的大豆、油料等运到汀城。毛星在《建国前长汀县商业贸易鳞爪》一文中介绍说："民国二十年以前由邻县肩挑来汀州的米豆，每天多达二千担（每担约100斤），当时汀城有粮店百余家，有米牙行、米店和米行。米粮运销商设有行栈，收购白米、糙米、黄豆等，用民船运往杭、峰、潮、汕。"

据1993年8月版《长汀县志·卷十五·粮食》第一章《粮食市场》记载："周围数百里范围内的商品粮，每日肩挑车载，源源不断输入汀城，粮食日贸易量约10万公斤。"汀城的粮食"五分之四以木篷船运往上杭、峰市，再转运至广东的潮州、汕头销售。清末、民国时期，日均运粮50只船左右，全年出口大米140万公斤，大豆约150万公斤，小麦、杂粮约 60 万公斤。另濯田、水口每墟约有 50 只船粮外运，全年达 20 万公斤以上"。

昔日长汀的粮商达到 100 多家，据民国 36 年（1947 年）统计，汀州城有粮食运销商 99 家，经纪商 28 家，零售商 50 家。据长汀档案馆保存的民国档案记载，民国 32 年（1943 年）的粮食同业公会中，资本额达到 5000 元的基本上都是运销商人。这些汀州客家商人从事粮食的批发，大量收购米、豆运往广东潮、汕。当时汀州城内"振兴隆""怡和行""广隆庄""同益"等粮行老板，都是汀州城内赫赫有名的客家大粮商，他们的资本额都在 5 万元以上。当年 5 万元可购大米近万石，每石 120 斤，总计 120 万斤，如按每年 300 天收购计，他们每天需购进大米 4000 斤。"复兴行""多福号"等粮商的资本额也在 3 万元以上。资本额在万元以上的粮商有 20 多家。著名的粮商如黄丽川、黄天池、李少生，他们长年雇用三只木篷船专门运送粮食，仅这三位粮商，全年销往潮汕的粮食就达到 250 船以上。

汀州大量的粮食销往潮汕，再利用潮汕港口，经海上丝绸之路销往台湾和广州、佛山、香港等地。潮汕与台湾一衣带水，两地之间的往来源远流长。2014 年 1 月 23 日《汕头特区晚报》载文称："清代初期，郑军占踞台湾岛作战，遇到的最大困难是物资供应问题，特别是粮食供应。粤东的潮汕平原为粮食产地，清军防守薄弱，成为郑军乘虚而入的粮食供应地。据有关资料记载，从 1649 年至 1660 年的 11 年中，郑成功多次派兵到潮汕地区征粮，其中数量较多的有 9 次。郑军还用向民间采购办法，从大陆收集粮食和各种物资，金、厦等地的粮食供应，很大一部分是由潮州地区输出的，其中大部分从潮汕各个口岸运出。"

在潮汕输台的粮食中，有许多就是来自汀州。这些粮食在汀州码头装船，源源不断地从汀江运到韩江，最后在潮州古码头输送到台湾，成为一条完整的粮食运送线路。

汀州瓷器的外销

在长汀县南山镇塘坑排 319 国道旁，有一个被灌木丛覆盖的山头，整个山头都是由大量瓷片堆积而成，人们在这里随处可以拾得残缺的瓷器和瓷片，当地人将这座山头称为"碗片山"。

1987 年春，长汀文物工作者在这个山头发掘出烧瓷的"龙窑"两座，窑长约 63 米、宽 5.7 米，窑底为斜坡状，窑壁均系厚砖砌成，呈黑褐或灰褐色，窑顶均为穿隆式。在窑内发掘出大量的瓷器，主要以"影青""酱釉""黑釉"等为主。还有大量置放坯件的窑具，主要有匣钵、泥制喇叭形垫具和垫饼、瓷制的支圈等。在靠近山顶处有"鸡窝窑"，窑中有不少残缺不全的碗碟、瓷片和窑具。山顶为高岭土层，色洁白而细嫩滑腻，是上好的瓷土。据福建省考古专家考证，这是宋代生产瓷器的作坊遗址，是福建省除建阳宋瓷外的另一主要产瓷基地。

长汀南山瓷窑出土的瓷器多数为盏、碗、罐、盘、杯、碟、瓶等日用器具，也有少量装饰用的工艺品，烧制火候很高，瓷胎细腻，釉层不厚而光洁鉴人。器物纹饰以印、划花为主，图案花纹式样多，有凹凸几何图案、鲤鱼戏水、荷花等，可见当时烧制的工艺水平是较高的。碗底标记"应时号"，用小刀钻刻而成。

长汀南山有大量瓷土原料，同时又拥有茂密的森林，烧窑燃料十分充足。宋代瓷窑堆积层状如山丘，面积宽大，说明瓷窑烧制经历了数百年时间。汀州烧瓷技术发达，瓷器绘色均匀，光泽度强。另外瓷窑临近南山河，不仅可供洗瓷土、设置水碓粉碎瓷土，而且南山河解决了瓷器外销的运输问题。南山河是汀江的主要支流，从这里行船 20 里，便汇入汀江干流，直通潮州汕头。南山瓷窑生产的瓷器，通过汀江船运到潮州、汕头，经海上丝绸之路销往外地。潮汕对外贸易处于泉州、广州之间，是对外贸易的良港，古代很多瓷器及手工业品由此出口海外。2002 年 6 月 28 日《南方网讯》载文称，"在潮汕这一带，海上丝绸之路亦是'海上瓷器之路'"。

意大利著名旅行家马可·波罗于1275年从意大利到达中国，遍游中国各地，1291年初离开中国。他的游记，详细记录了元代中国的政治事件、物产风俗，他在所著的《东方见闻录》中，特别记载了汀州瓷器的外销，他写道："汀州瓷器向海外输出，是从汀州经过韩江运到汕头，现在普遍叫作'汕头器'。"这就是说，汀州生产的瓷器运到汕头后，外国商人把从汀州运来瓷器，统称为汕头瓷器了。可见在700多年前，汀州瓷器就已经通过海上丝绸之路大量外销，为古代汀州的商业对外贸易写上了精彩的一页。

汀州靛青（蓝靛）的外销

靛青，也称为蓝靛，是中国古代最主要的染料之一，用来染布颜色经久不褪。它是由蓝草还原成染料的，蓝草在中国栽种历史悠久。现代印染科技尚未普及的时候，人们穿的衣、盖的被、用的线，都依赖它染色。

长汀种植蓝草始于何时已无据可查，清《汀州府志》载："蓝出长汀"，蓝即蓝草。长汀的蓝草分为两种，一种为"马蓝"，叶大，又名大青；一种为"槐蓝"，叶细，又名小青。历史上长汀盛产蓝草，为制造靛青提供了大量原料，也成为长汀乡村百姓的重要经济来源之一。制作靛青需要将蓝草浸泡发酵，捞去枝叶残渣，再加入一定比例的石灰，使其沉淀，沉淀物便是靛青。长汀烧制石灰的历史十分久远，为靛青生产提供了丰富的石灰原料。每到夏秋季节，蓝草生长十分茂盛，家家户户收割蓝草，因而，历史上有长汀"家家伐蓝"之说。

明清时期长汀生产靛青就非常红火，不仅满足了长汀本邑和汀州府各县印染需求，汀州商人还通过汀江船运，将靛青远销浙江、上海、广东等地，并转口销往海外。设于浙江嘉兴乍浦的"汀州会馆"，创建于清雍正四年（1726年）。乍浦位于杭州湾，是浙江重要的商埠码头，乍浦港口与上海、杭州、苏州、宁波距离都在 100 千米左右，是"长三角"沪、苏、杭、甬地区的一个重要交通枢纽，自古就有"海口重镇"之称，列为东南沿海十五个口岸之一，被誉为"东南雄镇"。汀州商人看中了乍浦古港良好外销优势，因此在乍浦兴建"汀州会馆"。由于汀州商人大量营销长汀靛青，汀州靛青成为乍浦"汀州会馆"营销的主要商品，因此"汀州会馆"被商界称为"乍浦靛青会馆"，由此可见长汀靛青在外地销售盛况空前，为古代长汀对外贸易史书写了闪光的一页。

汀州木材的外销

汀州所属各县是福建省著名的林区和竹区，汀州山区森林茂密，盛产杉、松、樟等树木和其他杂木，长汀县和宁化县素有"木头县"和"毛竹之乡"之称。汀州杉木质量极好，特别是深山老林中的百年古杉，材质相当坚硬，当地出产的杉木被称为"汀杉"，广东的木材商人指名要汀杉。尤其是汀产的棺木树材远近驰名，因此汀杉有"作棺椁甲天下"的美称。汀州还盛产樟木，昔日制作高档家具，雕刻各种门窗梁栋以及佛像，都需要樟木。汀州的松木资源也十分丰富，产量高、质量好。松木被大量用于造桥、打桩、造船以及制造各类的包装箱、木屋、工棚等。所以杉木、松木、樟木是汀州出口的主要木材。

汀州客家商人以汀江水运为主，扎木排放流木材。木材商人大多利用春潮水涨之机，从各地林区沿小溪流放，如"小河赶羊"般将木材集中到汀江河边的集散地。昔日长汀的南寨、三洲、水口、羊牯等汀江沿岸都是主要的木材集中区。木材商人雇工人将木材扎成大木排，然后放排工人将木排放流至潮州、汕头。由潮汕木材商收购，潮汕木材商人再通过海上运输转运至广州、佛山一带销售。

汀州棉花、苎麻的外销

闽西历史上就有种植苎麻的传统，江西赣北以及湖南是我国苎麻和棉花的产区之一，而广东、港台及东南亚是缺棉区，这些地方所需的棉花大多采购自中国或外国。昔日无论是从中国北方还是外国进口棉花，路途都十分遥远，运价昂贵。自从汀州至潮州的汀江船运开通后，从汀州到潮州为"一水之便"，路途大大缩短，节省了大量的运输费用。因此，闽西、广东、江西、湖南等地的棉花商人，大量采购江西、湖南等地生产的苎麻、棉花，集中到汀州城后，通过汀江船运到潮汕，再由潮汕古港经海上丝绸之路销售到香港、台湾及海外，棉花、苎麻成为海上丝绸之路的重要货物。

过去由于汀江水路滩多水急，许多船只经常因载货过重而沉船，加上汀江沿途土匪出没盗抢棉花、苎麻，给棉花运销商人带来损失。因此闽西、江西、湖南等地监生联名上书汀州府正堂，恳请对汀江河道加强管理，确保棉花、苎麻的运销安全。

根据上述人员的恳请，汀州于清嘉庆二十年（1815年）九月，制定了汀江船运的《额定苎棉规条》。"规条"要求，对于盗抢者"立即严拿按律究办，毋稍宽贷"，"倘约保水手人等扶同狥隐，一并严究，决不宽贷"。同时考虑到汀江滩多水险，为确保棉花运输的安全，船运不宜重载，因此"规条"中明确"每船装苎大担十三担，小担十六担，棉花大包十三包，小包二十二包"，并强调"不许搭货重载""勒石永禁"。为了知谕汀江各大码头，还将此《额定苎棉规条》碑刻10面，分别立于长汀至永定峰市的主要码头。这一举措，在汀江航运史上是极为罕见的，反映了汀州古代对棉花等重要商品运输安全的重视，从而保证了棉花、苎麻船运的安全，使大量棉花、苎麻通过海上丝绸之路销往海外。

汀江航运与海上丝绸之路

古代，潮汕地区的海上运输十分发达，潮汕古港曾是古代海上丝绸之路的主要港口之一。中国大量货物从潮汕运往世界各地，是海上丝绸之路的重要组成部分。2002年6月28日《南方网讯》载文称，"在海上丝绸之路黄金航线上，潮汕是重要节点。潮汕港口航线北通福建、台湾等地，南达广州、东南亚各国。从这些港口运出的陶瓷、大米输往台湾、东南亚一带，它既是南北货物的集散地，又是潮汕贸易'海上互市'的转运枢纽。"

潮盐入汀，带动了其他货物的船运，使汀州与广东之间的转口贸易快速发展。闽西、赣南的土特产通过海上丝绸之路运往世界各地。广东的产品运销到汀州及赣南。至明清时期，汀江成为闽粤之间的交通大动脉，是闽粤赣边客家地区人民赖以生存的"黄金水上运输线"。清苏州织造胡凤翚也惊奇地发现，汀州一府"贸迁有无遨游斯地者不下数千百人"。每天在汀州与潮汕之间的商船成百上千，汀江航运成为海上丝绸之路重要的货物来源渠道，地处万山之中的汀州古城，奇迹般地成为闽粤赣边物资集散重镇和福建省古代六大转口贸易中心之一。

昔日由于陆路运输的不便，汀州货物的外销基本上由汀江水路运输。货物从汀州到潮州后，以潮州古港为转运枢纽，连接海上丝绸之路，销往世界各地。汀江连接海上丝绸之路的运输线路主要有两条。一条是从汀州码头起航，经上杭、永定峰市到达广东三河坝，再经韩江到潮州、汕头。从潮汕古港出发，沿着海上丝绸之路到我国的香港、台湾以及马来西亚、新加坡、菲律宾、印尼及欧美各地。另一条线路，是从潮汕古港出发经海上船运至福州、上海、温州、苏州等港口城市。

汀江航运到达潮汕古港，然后再辐射到世界各地，由此形成了一条脉络分明的汀江航运对接海上丝绸之路的交通贸易之路。这条贸易之路自宋代开通以来，在古代不同时期兴起、繁盛，构成了汀州古代开放格局的生动写照。

汀江航运连接海上丝绸之路，使汀州保持了700余年的繁荣，汀州古城成为闽粤赣边物资集散重镇和福建省古代转口贸易中心之一，这是汀州古代商人利用海洋发展经济的一个杰出范例。汀州客家商人依靠海上丝绸之路，书写了古汀州商业贸易通江达海走向世界的辉煌历史。

　　历史上汀州客家商人注重发挥本地优势，紧紧抓住特色产业，抱团一心谋发展，勇闯海上丝绸之路，大力开拓海内外市场的精神和做法，在今天的经济建设中，特别是对于我国大力推进"一带一路"建设，仍然具有积极的意义。

第五章

风光旖旎

大美汀州 | 历史名城

在悠久的历史长河中，长汀的山水造就了一道道绚丽多姿的风景线，形成了许多让人流连忘返的名胜古迹。半个多世纪前，国际友人路易·艾黎到长汀开展"工合"运动，长汀独具特色的风光给他留下了深刻的印象，他在一篇回忆文章中说："中国有两个最美丽的小城，一个是湖南的凤凰，一个是福建的长汀。"

第一节
山光水色

秀美汀江

一江碧水穿城过，十里青山伴名城。秀美的汀江，像一条天蓝色的长绸，轻轻盈盈地在汀州古城中央飘拂而去，构成千年古城绝美的江景。

汀江是福建省境内著名的大江之一，也是福建省唯一一条由北向南

● 美丽的汀江

流入广东境内的河流。汀江发源于武夷山脉南端汀州的长汀、宁化境内,干流全长 285 千米。汀江在宋、明时称为"鄞江",因"天下水皆东,汀江独南也",按八卦的图示,南方属丁,故又名"丁水",后来"丁水"合成"汀"字,因而得名汀江。

汀江自长汀、宁化的崇山峻岭、深山峡谷而出,一路上汇集山泉、小溪,溪水回环曲折,细细流泉汇成大川。汀江上源蜿蜒流至长汀县庵杰乡涵前村,村前有一座巨大的石灰岩山峰,山峰下方有一天然巨洞,江水从巨洞中流过,构成汀江龙门奇观。每遇春夏时节,山洪来临,汀江犹如脱弦之箭,从洞中呼啸穿过,奔腾南下,令人叹为观止。

天下的龙门以山西河津与河南洛阳最为著名,但那龙门并非真正有门,而是大河两岸悬崖壁立,夹峙江水而巨涛奔流。唯独汀江是名副其实的龙门,"独我汀江跨龙门"。厦门大学历史系教授林惠祥先生指出:"龙门胜景,是因古代地壳变动,然后江水冲刷,其间经过万年以上漫长的时间。"

汀江一路奔流来到汀州古城,只见临江的云骧阁,巍峨的古城墙、古城楼,翁翁郁郁的朝斗岩,古朴的客家民居楼宇,都清晰地倒映在江中,盈盈汀江之水为汀州古城增添了多少灵秀的风姿。

汀江穿城南下,沿江两岸层峦叠嶂,丘陵起伏,群山峡谷,河道迂回曲折,滩多流急,沿河礁石密布,自古被人视为畏途险道。汀江流域有著名的大姑滩、穿针滩、折滩、棉花滩。大姑滩位于上杭县境内,其险要在于落差大,高低落差约 3 米,水流直冲而下,如瀑布一般。行船至此,木篷船随瀑布直冲而下,惊险至极,有民谚曰:"船到大姑滩,如过鬼门关。"穿针滩则因水道十分狭窄,只能过一只船,犹如穿针一般,故此得名,行船至此,艄公丝毫不敢大意。折滩是由于水道极其曲折而得名,一不留神船头就会撞到江岸,艄公至此,"步步惊心"。

在上杭紫金山下,汀江至此潭深水碧,右岸有陡壁峭岩。顺水而下百来米，只见在陡壁间有一戎装的身影映在陡壁上，这身影身穿盔甲，一手扶剑一手拿印，栩栩如生。石影像天造地设，令人叹为奇观，因此美丽的传说就不胫而走。人们说这影像是杨文广，相传，当年汀江蟒王作乱，残害汀江两岸居民，汀州百姓惶惶不可终日，于是朝廷派了杨文广前来征讨蟒王。杨文广在汀州大战蟒王，蟒王不敌杨文广，于是潜入汀江顺江而下。杨文广在岸边紧追不舍，追至上杭紫金山下，蟒王上岸又与杨文广大战一场，杨文广指挥宋军将蟒王团团围住，蟒王眼见无路可逃，于是纵身一跃潜入紫金山下的砻沟潭中。蟒王在潭中对杨文广吼道："我千年不出，你奈我何！"杨文广喝道："呸！蟒贼！你若千年不出，我便万年不走！"杨文广便站立在汀江边上死死地守住蟒王，随着时间的推移，杨文广的身影便永远地印刻在崖壁上，千年万年地盯住蟒王，而蟒王躲在汀江潭底再也不敢出来残害百姓了。这个美丽的传说千百年来一直在汀江两岸流传着。

汀江过了上杭便流向永定县（今龙岩市永定区）境，在永定的峰市北汇黄潭河，构成汀江最有名的险滩棉花滩。棉花滩全长 10 华里，礁石密布，难以行船。20 世纪 80 年代，棉花滩水库建成，从此，棉花滩永远沉入了库底。汀江过了棉花滩后，接纳永定河水，流入广东大埔县境，至此河谷豁然开朗，河道宽阔，汀江水流平缓，与上游的急流险滩形成鲜明的对照。这里的汀江水阔浪平，缓缓流到三河坝。所谓三河坝，就是汀江、梅江、韩江三条河流的汇合处。北边是从汀州流来的汀江，西边是梅州流来的梅江，在这里汀江与梅江汇合成为韩江，往南流到潮州，注入南海。实际上，汀江是韩江的上游，二者是一条江。

汀江流域富饶美丽，她流经的宁化、长汀、武平、上杭、永定等县都是客家人的聚居地，是古汀州府的辖县，汀州便成为中国客家的祖地和摇篮。汀江千百年滋润着闽西广袤的沃土，哺育着闽西 200 多万客家人。汀江不仅孕育了汀州的远古文明，更孕育了后来在汀江流域形成的勤劳、勇敢的客家人，孕育了客家文明。

汀江，天下客家第一江，是名副其实的客家母亲河。

龙门奇观

汀江源头的庵杰乡有个龙门，古称"龙门峡"，本来天下叫龙门的地方甚多，但都无"门"，唯独此处龙门真有其"门"，山水十分神奇秀丽，不愧为长汀名胜之首。

秀丽的汀江从上坪山发源后，在崇山峻岭中曲折迂回，容纳了许多的山泉溪流，唱着欢歌向涵前村奔来，突然一座大山挡住去路，此山即帽盒山。说来也怪，帽盒山脚下天然一石洞，如仙斧劈两峡成门，上端似桥穹形，洞深数十丈，洞顶岩石壁立，不见天日，悬崖上镌刻"龙门"两字。江水则呼啸着穿洞而过，就像火车穿过隧道一样，令人不能不惊叹大自然之神奇，有诗云："天生一个龙门洞，千里汀江一线穿。"

从远处看，大山真像一条腾飞的巨龙，其峭壁酷似一龙头，两眼暴凸，崖壁石缝间藤蔓丛生，似龙触须，口吐赤涎，洞两旁怪石嶙峋，或如龙爪，或如龙心，或如龙胆，或如龙肺……形状各异，气势磅礴，十分雄伟。洞下，波涛汹涌，水凉沁人，即使炎炎盛暑也觉得凉气透骨。若乘竹筏顺流入洞，凉风习习，十分舒爽，耳边还传来悦耳之声，似琴奏鸟鸣，让人心往神驰。每至春夏山洪暴发之时，洞内江水奔腾澎湃，声如巨雷。若从洞的出口看，江水喷涌而出，犹如巨龙吐水，浊浪排空，非常壮观。

从洞正门右侧的小路拾级而上，穿越"一线天"，可达山顶。半山处有石林一片，举目四望，石钟石乳琳琅满目，千姿百态。山顶上建有寺庙，名曰"龙门帽盒山寺"，原为"龙神庙"，现为五谷神庙，庇佑五谷丰登。

相传寺庙建于北宋年间，公元1003年农历五月，连日大雨滂沱，汀江河水暴涨。一天清晨，正在虎神洞打扫卫生的小和尚忽然看见汀江上漂来一座大山，他甚感奇怪，立即报告师父。师父叫德道和尚，修炼已久，他一看，此山神奇秀丽，心想，这是一座风水宝山，不能让它漂走，应让它在此造福一方百姓，于是忙夺过小和尚手里的扫帚，向迎面漂来

● 汀江龙门

的大山一指，口念佛号，振振有词，顿时天昏地暗，一声霹雳，大山化成火海，两只巨龙腾空飞去。少顷，火灭风止，天空霞光万道，一片晴朗，那片漂来的大山便静静地横跨在汀江两岸。汀江从其洞中穿过，波光粼粼，逶迤向南潺潺流去。

德道和尚大喜，领着众和尚上山勘察，发现山腰有一石室，宽丈许，室内有石桌、石凳、石锅、石灶。再攀山顶，雾霭缥缈，方圆数十丈一片平壤，其间数朵莲台等，是如来佛祖、观音大士、妈祖娘娘、五谷真仙的天然宝座。德道和尚欣喜若狂，连连称赞"妙哉！善哉！"于是他放弃原来修炼的虎神洞，请匠工在此建造庙宇，于公元1006年竣工，并定于每年农历五月二十五日为本寺庙会，一直延续至今。故事虽荒诞无稽，但德道和尚指点江山造福百姓的精神至今还被人们津津乐道。

根据地质学家的考究，汀江龙门是古代地壳变动所致，山崖由石灰岩构成，半山腰间的涵前洞就是石灰岩溶洞。此洞口虽狭小只容一人弓身而入，但洞内广阔，石乳林立，或倒垂，或横出，或矗立，光滑似玉，滴水有声。据说清朝咸丰年间（1851~1861年），乡人避兵乱而入洞中者近百人。世人猜想，此洞大概就是传说中德道和尚发现的那个石室，若能开发，或能成为一颗璀璨的明珠。

卧龙山

卧龙山位于长汀城内，是古汀州八景之一——龙山白云。由于坐落于城北，故又称北山。但随着改革开放，长汀城大大拓宽，环城路环绕卧龙山一圈，商业城、腾飞工业区都在卧龙山背面，许多单位，如法院、检察院、国税局、电信局、交警大队……都迁至环城北路。所以准确地说，现在的卧龙山位于长汀城中心。

这是一座非常奇特的山。奇特之一，孤傲尊贵。据县志载："四面平田，一山突起，不与群峰相属……四山俯伏，朝揖拥护尊严。"的确，登上山顶，放眼四望，只见四面群山环拱，似向卧龙作揖行礼。奇特之二，形似卧龙。从远处高处看，山如龙盘曲而卧于汀江畔，一头扎在河岸边，匍匐着喝汀江水。县志又载，卧龙山"中分九支，故名卧龙，又名九龙，亦名无境"。

卧龙山气势雄伟，苍松直耸云端，每当雨过天晴，白云缭绕，蔚为奇观，故有"龙山白云"之美称。宋代汀郡太守郭祥正赞曰："卧龙胜事堪图画，迥压闽南七八州。"

卧龙山开辟于唐代，古城墙那时就从山顶向东西蜿蜒而下，使城半壁高挂山巅，成"观音挂珠"之状，山后峭壁矗立，陡不可上。宋时在山巅又建金沙寺，明代崇祯年间（1628~1644 年）知府唐世涵重建北极楼，还塑吕洞宾像以祀之。清代康熙、道光年间皆有修葺。今楼内尚存《重建北极楼碑记》，碑头刻有双龙戏珠图纹。北极楼内还有"雄镇闽西"四字大匾额。清代汀州知府徐曰都诗云：

● 卧龙山

无境山高楼更高，虎头回望白云遥。

金沙万户春风早，绿树清江晓放桡。

民国 24 年（1935 年），金沙寺又进行了维修，布局由门楼、藏经楼、正殿组成，占地面积 2000 平方米。1978 年，新建庙门，在藏经楼重塑十八罗汉。卧龙山在历代得到人们的保护，山上芳草萋萋，树木葱茏，宛如翡翠玉屏。特别是 20 世纪 90 年代以后，在长汀县人民政府的支持下，绵延在卧龙山上的古城墙逐步得到修复，在东城墙和西城墙又分别建有"东翘舒啸"和"西倚听松"两座烽火台，高高地矗立在山上，显得十分雄伟壮观。

卧龙山东麓还有一处令人陶醉的风景。穿过东门后街背，沿山谷拾级而上，可见两山合抱，郁郁葱葱，耳边鸟声婉转，松涛阵阵，其境清幽宜人。行至半山，浓荫处飞出屋檐翘角，这就是斗母阁。斗母阁始建于明代初年，盛于万历年间，明清两代均有修葺，但在 20 世纪 40 年代倒塌，仅存灶君庙。20 世纪 80 年代后人们捐资重建，今有灶君庙、如是庵、观音寺等三座庙宇，观音寺最壮丽，塑有金碧辉煌的千手观音，后殿是宽敞雄伟的大雄宝殿，让游人流连忘返。

伫立卧龙山顶，顿觉心旷神怡，鸟瞰汀城，淡蓝的天幕下，楼房鳞次栉比，汀江蜿蜒南流，城外田园似锦，四面黛山连绵，真是一幅山水丹青佳作，美不胜收。卧龙山又是人们疗养的好地方，1932 年，毛泽东来到长汀养病，曾住在卧龙山下老古井畔，每天由傅连暲医生陪同登山散步，听北山松涛，经过一段时间疗养，终于身体康复。现在山下还保存着毛泽东同志旧居。

今卧龙山辟为卧龙公园，山下横冈岭尽头建有雄伟的山门牌楼，山上修有宽阔的石级，幽径四通八达，连接着山上的九座亭阁和九座庙宇。长汀人对卧龙山情有独钟，无论春夏秋冬都有许多人登山，在山上或放声歌唱，或跳舞击拳，或谈古论今。每年春节，山上游客纷错如织，十分热闹。随着旅游事业的发展，现在卧龙山每天都笑迎四面八方的游客。

朝斗岩

朝斗岩是古汀州的汀州八景之一——朝斗烟霞，坐落于城南。从长汀县城，穿过南寨，跨过汀四公路，迎面可见一座雄伟的山门，上书"朝斗烟霞"四个遒劲大字，抬头仰望，只见岌岩耸立，飞阁凌空，这就是朝斗岩。

进了山门，门内是"兜率宫"，上坐一尊弥勒佛，笑盈盈地迎接游客。沿石级而上，一路绿树成荫，翠竹摇曳，耳边鸟声婉转，泉水叮咚。山腰的路边建有一座亭，叫盥手亭，对亭一池，由山泉汇聚而成，水清如镜，名曰盥手泉。山上奇石横陈，劲松险立崖上，蔚为壮观。

绕过盥手亭，沿左边小径攀登，可至吕仙楼，门上刻有"朝斗"两字，

● 朝斗岩

再进为大雄宝殿。殿内塑有罕见的反坐菩萨，两边有联，上联是"问菩萨为何反坐"，下联为"笑世人不肯回头"，十分有趣，且令人深思。殿后倚山复洞，立着一大块危岩，岩下一洞穴，旁狭中广，内有石塔一座，如来石佛一尊，石佛敞胸露腹，咧嘴嘻笑。洞壁清泉悬滴，滴滴落在石佛之上，故人们又称之为"雨漏佛"。传说，从前洞顶上落下的不是水，而是米和油，正好供进香的信男信女用膳。但是贪心的和尚用凿子拓宽石缝，企图得到更多的米和油，谁知从此落下的却是水了。

朝斗岩开辟于宋代。宋代隐士雅川在霹雳岩炼丹，丹成之后在此辟洞建庵，从此日与烟霞为伍，烟霞久久不去，成为一景，后人称之为"朝斗烟霞"。出了吕仙楼，沿小道绕行百步有一悬崖，崖上建有一座"驭风亭"。朝斗岩是虎形，此悬崖就像张开的虎口。据说，因朝斗岩大张虎口，对门罗坊村畜牧不发，后来人们特在此建一亭，制虎口不合，从此不再伤百姓牲口。故事虽然荒谬，却寄托了朴素的人定胜天的思想，亦无可厚非。伫立亭中，凭栏鸟瞰，汀城美景尽收眼底，令人心旷神怡。古人有诗赞曰：

朝斗清幽景物华，楼台寺宇锁烟霞。
泉声滴滴咽岩后，野色苍苍笼水沙。
绛影朝随红日上，彩虹晚挂夕阳斜。
与眸北阙风云起，灯火星辰照万家。

在盥手泉右，沿级而上可至另一佳境：水云寺。寺后还有一座气势雄伟的卧佛殿。殿中塑有一巨型卧佛，佛虽侧卧却气宇轩昂，非常壮观。有联云："仰赞贤聚学屏山澄心堂中可观宇庙，愿弟子游览朝斗卧佛殿内且觅云根。"原来，明代嘉靖年间（1522~1566年），在此曾建水云庵，庵后还建澄心堂和击竹亭，为汀州八邑名士聚学处。但在清代咸丰年间（1851~1861年）埋废，沦为荒涧。20世纪80年代初，经人们捐资而修复。

朝斗岩不仅风光旖旎，还有一段光荣历史。1933 年 2 月，中共福建省委在朝斗岩大雄宝殿召开反四次"围剿"会议，由当时的福建省委书记刘少奇主持，做出了《关于执行中央局"关于在粉碎敌人四次'围剿'的决战前的党的紧急任务"的决议》，对第四次反"围剿"的胜利发挥了重要作用。

新中国成立后，朝斗岩大雄宝殿被列为福建省第一批省级文物保护单位。

乌石山

乌石山是卧龙山的一条支脉，耸立于汀江岸边。卧龙山的形状就像一条卧着的巨龙，乌石山则似匍匐在汀江岸边喝水的龙头，非常壮观。山上奇石林立，古樟参天，葱茏翠绿。山下一弯江水碧波荡漾，深不可测，

● 乌石山

是为龙潭，俗称龙岩潭。乌石山上繁茂的树叶中又拥托着一座方形楼阁，叫云骧阁，因而乌石山景区成为古汀州八景之——云骧风月。

云骧阁建于唐代大历年间（766~779年），宋理宗绍定年间（1228~1233年）太守李华进行重修，明代清代以及民国均有修葺。其建筑非常奇巧，工艺十分精美，共有两层。底层大殿朝东，殿的屏风后有门，朝西，横额书"云骧阁"三个遒劲大字。四周红土围墙，石拱楼门，庭院幽雅，树木浓荫蔽日。门两旁有两尊形如巨狮的乌石雄踞阁前。阁下怪石嶙峋，或如春笋，破土刺空；或如雄狮，向天长啸，成为一景。

据县志载，云骧阁从宋代起辟为风景区，初名为"清阴"，意为树木荫翳，环境清幽。后来又改名为"集景"，即集奇石、幽洞、碧水、茂林于一处。宋代汀州提刑刘乔认为"集景"名称还不能体现其特色，此处飞阁凌云，宛如骏马腾空，凌空追月，故又改名"云骧"。宋孝宗隆兴年间（1163~1164年），汀州太守吴南老却认为"清风明月，山水清秀"才是它的两大特色，又将其改名为"双清"。但是宋宁宗庆元年间（1195~1200年），太守陈晔认为"双清"含义还不如"云骧"，把"云骧"二字叫工匠刻石，有不容更改的意思。从此，"云骧阁"名称自宋代至今未变。只是明代左都御史马驯对其做了补充，他认为"云骧"还美中不足，取名"云骧风月"更能体现景色的特点，并赋诗赞曰：

临江高阁真奇特，巍巍直与白云接。

山光野色横目前，不数腾山擅雄杰。

清风一榻快无边，皓月满户堪流连。

闲来登眺足朝咏，从教乞与不论钱。

云骧阁历史悠久，它以自己独特的风情赢得人们的青睐并得到保护。1929年3月，红四军入闽，毛泽东多次来到乌石山云骧阁，屹立楼台，俯瞰莽莽群山，滔滔汀水。在此，他召开了各行各业群众团体代表会议，在广泛发动群众的基础上，毛泽东亲自提议和主持了红四军前委扩大会，正式批准成立长汀县革命委员会。于是，中央苏区第一个县红色政权——长汀县革命委员会在乌石山云骧阁诞生了。新中国成立后，位于乌石山的云骧阁被列为全国重点文物保护单位。

今天，乌石山被辟为龙潭公园，根据地形特点，依山临江，顺势展开画卷，新建了状元亭、宋慈亭、上官周纪念亭等，布局新颖，自然流畅。曲岸、曲廊与周围姿态婀娜的乔木、灌木相互映衬，产生和谐之美。人们可环绕曲径、游廊而行，或倚石凳而坐，或亭中待月迎风，看花竹弄影，好不自在！

龙潭公园是人们茶余饭后休闲的好去处，漫步其中，心旷神怡，其乐无穷。它又是红色旅游景点之一，每天迎接着四面八方的游客。

归龙山

归龙山，又名龟龙山，位于闽赣两省交界处的四都镇上湖、小金、红寮三村之间，距长汀县城60余千米，海拔1036米，是四都镇的最高山峰。远远地眺望，山峰峻拔，四周群峦起伏，万木峥嵘。

山上有一座庙，庙里的菩萨叫罗公祖师。据载，罗公庙始建于宋代，有悠久的历史。相传，罗公是江西人，生前是个穷书生，以担货郎挑为生，平时乐于助人，深得人们的喜爱。后来上京赶考中了状元，因厌恶官场腐败，不愿同流合污，辞官做了采药人，在归龙山采药，为百姓治病，他医术好，拯救了不少生命，深受人们敬仰。罗公去世后，人们特建庙塑神像以纪念他。罗公成了救民于难、泽被苍生的神。江西、福建两省的人都前来朝拜，山上常常人山人海，庙里香火缭绕。

庙后有一条小路，可通向山顶，在那里可以看到闽赣两省三县（长汀、瑞金、会昌）的壮丽景色。但实际上登上山顶极目远眺，只见天地间云

● 归龙山

雾茫茫，无边无际；脚下千沟万壑，峰峦叠翠，依稀可见散落在大山底下的一些村落，却很难分清哪属长汀，哪属瑞金，哪属会昌；人仿佛置身于仙境之中，真正感受到"一览众山小"。宋代汀郡太守郭祥正曾赋诗赞美归龙山是"神仙之府"。诗曰：

神仙之府名归龙，千层翠玉擎寒空。

雾色凌风入城郭，半衔晓日金蒙蒙。

归龙山以多奇石著称，山石形态万千，人们根据其形态特点命名，如：馒头石、撑腰石、连侣石、出米石、状元石、作揖岩、归龙壁、风动石……都惟妙惟肖，或光滑似玉，或峻峭挺拔，令人叹为观止，而且每一种石头都有美丽的传说。最使人流连忘返的是风动石。绕过山顶，沿山脊小路往西下行 500 米左右，两块巨大的岩石矗立叠起，造型奇异，看似危危欲坠，劲风吹过或用力推之，则摇曳晃动，旋即又稳立如故，千百年来未移毫厘，这就是"风动石"。传说这两块风动石是释迦牟尼与罗公祖师为争座位斗法所致。游人都欣赏其壮观，常于此留影纪念。归龙山还盛产花岗岩，或纯乌或纯白，或红或绿，花纹各异，绚丽多彩，比云南的大理石硬度更高，而且蕴藏丰富。

归龙山到处怪石嶙峋，飞瀑流泉，是人们旅游的胜地，又是省级自然保护区，动植物资源非常丰富。从树种来看，主要以中亚热带常绿阔叶树为主，林内珍稀特有树种多，特别是全国最大面积的国家二级保护植物伞花木群落（此项目由中国科学院武汉植物园高浦新博士调查确认），福建省最大面积的天然黑椎林群落，集中成片面积达 983 亩；保护区内还有成片的福建柏群落，南方红豆杉群落，闽西青冈、悦色含笑、浙江楠、沉水樟等树种以及丰富多彩的菌类植物，同时也有少量的娃娃鱼。区内共有野生动植物资源 490 多种，其中国家重点保护野生植物 13 种，国家重点保护野生动物 73 种。

归龙山，不仅风光秀丽，还是一座富饶的宝山！

龙华山

龙华山，古称蛇灵山，位于长汀南部羊牯乡与上杭官庄交界处，山高峰险。人们常说，"羊牯龙华山，离天三尺三"，形容其高峻。山下，汀江蜿蜒而去，水大流急，波涛汹涌，十分惊险。有首民谣唱道：

龙嶂脚下一江潭，武夷真龙踞此间。

水急潭深无法丈，艄公不慎人船翻。

从远处看龙华山，巍峨耸立，直插云天，山峰酷似猿头。山上时常云飞雾笼，峰峦若隐若现，那云海中露出来的山头简直像蹦出来的猿猴，面额朝天，龇牙咧嘴。当地人说，那是"仙猿戏珠"。

龙华山青葱翠绿，从山脚拾级而上，两边茂林修竹，藤缠萝缦，浓荫蔽日，山径被挤成一条逼仄的绿色长廊，一路山风习习，不时掀起竹海碧波翻滚。半山处矗立着一座峭壁，高十几丈，宽五丈有余，平整光滑，像斧劈刀削似的，这就是天门石。天门石是龙华山的门户，相传，每隔九年的九月九日，天门石开放一个时辰，让孝男孝女进山讨取仙药，救治亲人。峭壁左右各有一条拇指般大、长约20厘米的石隙，像眼睛，有清泉汩汩流出，在"门"前汇成一泓清泉，叫"石心泉"。泉水清澈如镜，甘饴冷冽，沁人心脾。

绕过石心泉，天门石的右侧有一条开凿在悬崖上的"天梯"，十分陡峭，必须手脚并用才能攀登。上了"天梯"，走一段路，可到观云亭。伫立亭中，回首来路，山下阳光灿烂，山上却云雾茫茫，判若两个世界。亭的西面，顺小径向下走百十米便到蛇王庙，庙里供奉的白蛇娘娘是一位清秀的女神。传说，从前汀江两岸发生过一次瘟疫，一位在龙华山修炼的蛇神知道了，为拯救生灵，特化成一位美丽的女医生，替百姓治病，用山中的仙药，救活了村里的人。人们的病治好后，蛇神也就走了。为了表达对蛇神的怀念和感激，当地人特在山中建立此庙，塑上一尊白蛇娘娘像，以祀奉。

穿过一线天，绕过天子壁，又见悬崖峭壁。峭壁间有苍鹰的老窝。崖下是幽深的山洞，传说是三大仙师的修行地。在此回望主峰，山形却变了样，那凸出的悬崖倒像苍鹰的头，两边山脊宛如展开的翅膀，活脱脱是一只翱翔的巨鹰。

上龙华山顶，最后一道山口是成仙洞。洞不长，两米左右，洞口也不大，仅容一人侧身而过。登上山顶，耳边疾风劲吹。俯瞰：汀江如练，脚下万丈深渊，流云飞岚。远眺：可看到三个县城，北面是长汀，南面是上杭，东南面是武平，非常壮观。蔚蓝的天幕下，山冈、田野都生机益然，真令人心旷神怡！

大悲山

在铁长乡张地村十五里群峰之间,有一座高耸入云的大山,叫大悲山。它以佛教观音文化中的大慈大悲而得名,距离长汀城 30 千米,山峰像一座巨大的圆锥体,巍峨雄伟,顶端如笔尖直插云霄,海拔 1243 米。登上山顶,能看到两省五县(福建长汀、连城、宁化和江西瑞金、石城)的秀丽风光。

大悲山茂林修竹,老藤缠绕,山谷幽深,泉水潺潺,百鸟啁啾,很受游人的欣赏。据志载,早在宋代,就有许多人前来游览。明代又在山腰间建寺庙一座,叫普慈院,占地 1000 多平方米,后来的历朝均有修葺。据说,古代香火最盛时曾住有 300 余名僧人。殿中有联云:"庙宏立乎高峰众山皆小,礼不跻于五岳有仙则名。"庙后山坡上有泉水汩汩涌出,溅一层雪白的浪花,自成一景,蔚为壮观。

登大悲山最让人难以忘怀的是,在大悲山峰顶观看日出,那简直是

● 大悲山

一种享受！

晴天，起个大早，在日出之前登上峰顶，待天渐渐亮了，东方开始出现鱼肚白，山上还灰蒙蒙的，接着天边又出现一点点红，像女人脸上抹上的胭脂。过一会儿，便是一片血红，那是太阳升起的前奏，好像海岸边涨潮前大海涌来的浪花。这时，你还不觉得新奇，但一会儿，茫茫的云海中拥托出一轮红日，像个巨大的火球冉冉上升，你就会感到无比惊讶和欣喜。霎时，红光四射，朝霞满天。云层底下，众山宛若刚醒过来的睡美人，容光焕发，妖媚多姿。此刻，你将会忍不住伸出双臂去拥抱，惊叹："江山如此多娇！"

平原山

平原山，位于汀东童坊镇彭坊村，距离县城 30 千米。这是一座很秀丽的山，茂林苍翠，流泉淙淙，珍禽飞鸟自鸣其中；千年古松，奇特的

● 平原山

"倒生树"，珍稀的"无心白果树"，天然的"毛蜡烛"，都让人叹为观止，据统计，山上的名贵树木和奇花异卉达 30 多种。特别是奇石林立，那神工斧凿的龙床寨，形态逼真的龟峰，栩栩如生的狮石……更是巧夺天工，美不胜收，常让游人流连忘返。

在龟峰和狮石之间，有一座久负盛名的古刹，叫广福院，又名"广福禅院"，距今有 1000 多年历史，据考证为汀州最古老的寺庙，县志记载，"先有广福院，后有汀州府"，可见它历史之悠久。广福禅院建筑雄伟，从大门进入，穿过天井为大雄宝殿，庄严宏伟。殿前有明代修建的石栏和石柱，柱上雕着石狮，柱墙有浮雕。殿上为穹窿式圆形屋顶，正中有八卦图案，显得奇特华丽。在这里供奉的神是伏虎祖师。

相传，伏虎祖师俗姓叶，是汀州宁化人，出家在泉州开元寺，法号惠宽。惠宽大师年少时臂力过人，曾空拳击毙过百斤重的金钱豹，并能模仿虎啸。他常到平原山来，流连于龟峰、狮岩之间。有一年，汀州老虎为患，人们谈虎色变，武衙兵营也束手无策，官府只好贴榜悬赏，招纳打虎能人。惠宽大师知道后，并未去揭榜，但哪里有虎他就到哪里去打，终于制服了许多猛虎，除了虎患。人们非常感激他，就在惠宽大师经常流连忘返的龟峰、狮岩之间兴建一座庙宇，叫"普护庵"（后经朝廷赐额"广福禅院"），取普度众生护佑生灵之意。庵建成后，当地十乡长老请惠宽大师在此安身。大师圆寂后人们又雕塑其像，将其供奉在庙里，并尊称他为"伏虎祖师"，从此，惠宽就成了人们心中的神，参拜的人络绎不绝。

广福禅院有前殿和后殿，两殿结构相同，后殿只是规模略小些。殿里左右柱上有两条倒着盘旋的龙，风格奇特。庙里诸多对联和牌匾，处处透露着人心向善的人文意境。寺庙周围松篁交错，花红叶绿，环境十分幽美。清代汀州知府徐曰都诗赞：

一层楼阁一层云，花映禅堂水映门。

无数名山空过眼，好风新霁上平原。

　　平原山的半山腰上，有一株千年古树，耸立在一个陡坡上，人们称之为"菩萨树"。树根错综盘卧于地，显得遒劲有力，树身粗壮高大，直指苍天，而树根中间却是个空洞，能放下一张小圆桌。奇妙的是，从不同角度看这棵树，形态并不一样，从这边看像狮子，从那边看成了老龟，再转一个方向看，却像猴子了，而缺损的一角分明像张开的嘴巴。据说，此树被雷劈过几次，几乎死去，但来年又吐出绿叶，枯木逢春，枝繁叶茂。菩萨树还有个故事，有一回，伏虎祖师夜里托梦给村民，说某月某日将有人到庙里劫持神像，要村民提前把神像藏到菩萨树洞里。第二天，全村村民都说做了同样的梦，于是大家就按梦的要求做了。果然到了某月某日，寺庙遭灾，村民无不惊奇，都认为庙里菩萨真灵验。

　　其实，菩萨树是油树，俗称"年年退"，每年会退去一层皮，来年又长出新皮。不过，菩萨树危立高耸的姿态却成了平原山的一个景点，富有无穷魅力，游客不可不看。

第二节
风景名胜

罗汉松涛

罗汉岭是卧龙山西麓的一座小山，过去又叫西岭。山上青松成林，劲风吹拂，松涛阵阵，犹如万马奔腾，古人将之誉为"松风走万壑"，故名"西岭松涛"，明代被列为汀城八大景之一。清代康熙年间（1662~1722年），知府王挺抡曾在西岭建"听松轩"，题匾"西倚听松"。

西岭原有古刹罗汉寺，故又得名罗汉岭。据载，罗汉寺建于唐代，隐于山涧古樟松林深处，寺里塑有五百罗汉，曾有"苍松夹径二十丈，碧殿藏神五百尊"的描述。当年，寺庙香火极盛，僧人众多。寺庙内有古井一口，井水清冽甘饴，乃罗汉之泉也。罗汉寺历代均有修缮，但至民国却失修，后来拆除，徒留下罗汉岭之名。

古代罗汉岭还有一座"蛇王宫"，正殿塑有蛇王菩萨，双眼圆睁，面色铜青，举手执铜，盘坐于石岩之上。岩下有洞，窜出一条蟒蛇，张口吐舌，两边的护卫神披发跣足，手握石刀石斧。人们把蛇王菩萨看作正直无私的象征，遇上是非难判的事就来到蛇王宫，请蛇王菩萨断决。蛇王宫建于何年何月无可考证，但长汀有句俗话：没有汀州府，先有蛇王宫，可见蛇王宫来历之久远。可惜，在民国期间，蛇王宫因失修而倒塌，但蛇王菩萨被厦门大学历史博物馆保存。

151

岁月悠悠，罗汉岭历经沧桑。1935年6月18日，愁云密布，松涛怒吼，伟大的共产主义战士瞿秋白被国民党反动派押至罗汉岭，他盘坐草坪，英勇就义。从此，罗汉岭与烈士齐名，人们想到瞿秋白就会说起罗汉岭，说到罗汉岭便会缅怀瞿秋白。

中华人民共和国成立后，人民政府于罗汉岭建立了一座瞿秋白烈士纪念碑。它在郁郁葱葱的松林烘托下，巍然耸立，直指苍穹，气势十分雄伟。2006年，又在碑的西侧新建瞿秋白烈士纪念馆，陈列烈士伟大的生平事迹，供人们参观缅怀，接受教育。

2005年10月，正是金秋时节，罗汉岭下又新建了杨成武将军广场，与瞿秋白烈士纪念碑毗连。从此，罗汉岭下又多了一道亮丽的风景线。

宽阔的将军广场以郁郁葱葱的罗汉岭为背景，面向西外大街，地面是由大理石铺砌的，两边护栏也由大理石雕琢而成，素雅而洁净。步上几个台阶便是一个广阔的平台，再上几个台阶，又是一个广阔的平台，在最高的一个平台中央矗立着杨成武将军的铜像。铜像高耸雄伟，在淡蓝的天幕下熠熠生辉，透着将军的英俊和威武，十分壮观。铜像的下端是刘华清书写的"杨成武将军"五个镏金大字，赫然入目。其东侧后面还建有一座杨成武将军事迹陈列馆，供人们参观，学习将军的革命精神。

今天的罗汉岭不仅是青少年革命教育基地，还是一个红色旅游景点。

叶花庵

在大同乡的师福村，沿着一条幽谷而入，一路山花烂漫，鸟声啁啾。行五里许，可见一座山峰直趋而下，山上树木丛生，含烟点翠，这就是白云山。

山下有一水库，波光粼粼，周边清澈见底，但中部深不可测，这是白云水库，又叫叶花庵水库。据载，水库是1973年兴建的，总库容量26万立方米，坝高23米，灌溉面积450亩。属于小型水库，以灌溉为主，也兼渔业、发电综合利用。

　　绕过水库，转几道弯，一座山崖陡峭屹立，沿石级而上可见一古樟，粗壮的树干生出个大洞，空心曲枝，宛如虬龙，而上边枝叶翠绿，生机盎然，山峰恰像一座玲珑剔透的天然盆景，让人惊叹大自然竟有如此杰作。

　　再上数十个台阶，绿色掩映着一座寺庙，叫叶花庵。叶花庵正好位于白云山与东山顶的衔接处，双峰合抱，犹如龙虎戏珠。庵本是尼姑居住的小庙，何以冠之"叶花"？没有记载。但相传是清代张姓人所建，当时，南里村张姓十八代单传，为了子孙繁衍，张姓人鹤年特在此建庵

● 叶花庵

以求，有联可考："纪念鹤年持荷僧书传佛道，参礼虎座与闻说法感师恩。"以此推想，建庵者，鹤年也。庵不大，中间是经堂，两边是厢房。庵虽简朴，但净不染尘，周围红花绿叶，幽雅舒适。尼姑却很虔诚，每天都在经堂里做课念经，像唱一般，节奏分明，舒缓飘逸，如诉如泣。

登上山顶，俯览远眺，可以看到远处的长汀城，蔚蓝的天幕下，高楼屋舍鳞次栉比，密密麻麻，灰蒙蒙一片。这时，会让人觉得自己有远离世俗之感，把一切烦恼和疲惫都丢到九霄云外。

白云山上叶花古庵乃长汀十二名胜之一，终年游客不断，许多城里人常常三三两两结伴而来，流连于水库、古庵和山林之间，寻找野趣，享受大自然之美，让心情放飞。古语道，"仁者乐山，智者乐水。"这里正好山水兼而有之，让仁者智者都心有所得，情有所属，收获无穷的快乐。

河田温泉

河田镇有一条小溪，淙淙而流。跨过小溪，便能看到一股冒着氤氲热气的泉水缓缓流淌，淡蓝色的泉水清澈见底，洁净的沙石底下有水泡儿汩汩地冒出，送来淡淡的硫黄清香，这就是闻名遐迩的河田温泉。源头处，泉水宛如开锅的沸水，上下翻滚，热气腾腾，温度达95摄氏度以上。一个生鸡蛋放下去，不到10分钟就能煮熟。当地群众常利用这里的热泉杀鸡宰鸭，烫物洗垢。

传说，从前河田并没有温泉，常年干旱，连山头都不长草，成了光秃秃的癞痢岭，人们用水十分困难，洗澡就更难得了。有一年，河田发生疮疫，不断地传染，老百姓苦不堪言。后来，一只修炼了千年的金鸡知道了，要拯救苍生，替人们解除痛苦。它"呼啦"一声飞到河田，一头钻入地下，顿时，一股热水从地上汩汩涌出，注成一池。人们看到一池热水，还飘溢着硫黄清香，高兴得欢呼雀跃，男女老少都纷纷跳下池里洗澡，身上竟不痒了，疮也奇迹般地消失了。从此河田人就利用温泉洗澡，一直延续到今天。

其实，据专家考证，河田温泉出露于第四系冲积层中，底部基岩为燕山早期黑云母花岗石，属于华夏系构造与桃溪旋卷构造复合区，储量大，温泉露头分布范围约 3000 平方米，水温高达 80 摄氏度，流量为每秒 16.4 升，日流量可达 4000 吨以上。其水质含氟、偏硅酸、硫化氢气体及多种微量元素，呈微碱性，对人体具有良好的医疗保健功能。

据载，宋代绍兴年间（1131~1162 年），人们在此"砌石为池，横竖六尺，名六角汤"。又载，"汤流而南，将十步，曰湖，清空莹彻，方

● 河田温泉

广盈丈有余，可浴"。可见，河田温泉的开发利用很早。后来，人们还进一步在池上盖房，分男女两间，门外镌刻一副对联："河田温泉水知冷知热，柳村故里情贴心贴肝。"

河田温泉是大自然恩赐人们享受的地下资源。如今当地人利用温泉资源开发温泉澡堂。现有澡堂五家，内设高、中、低档浴池和冲浪等，每天接待来客3000多人。当地政府还利用温泉养殖温水鱼、鳗鱼，促进经济快速发展。

官坊溶洞

南山镇官坊村有一座很秀丽的山，叫石峰寨，满山长着桂花树，郁郁葱葱。秋天，桂花盛开，浓郁的香气飘得很远很远，让人神清气爽。石峰寨也是一座很奇特的山，山上岩壁高耸，奇石林立。远观，石峰形似翠绿色的笔架，又似伏地的雄狮。

更让人神往的是，山上遍布溶洞，总称为"官坊溶洞"，或"官坊洞"。据考证，石峰寨下的溶洞是纯天然喀斯特地貌溶洞，早在远古，因地壳变动，空隙隆起，产生许多胀性裂痕，受到流水的溶蚀而形成千奇百怪、色彩斑斓的景观。

据载，官坊溶洞发现于宋元之间，那时元酋凶狠，常烧杀抢掠，奸淫妇女，乡人逃避入山而发现溶洞。明清两代有游人进洞探幽。溶洞深藏在石峰之中，星罗棋布，而洞口分布在山坡之间。奇怪的是，这里的溶洞都大洞带小洞，前洞连后洞，有众星拱月式的，有串珠连鸡心式的，究竟有多少洞，洞有多深，目前尚未全部开发，还说不清楚。已经开发的溶洞有："定光洞""七星洞""龙宫九幽洞""仙人洞""通天洞"等，峰中有洞，洞中有峰。从几米到二十多米高的洞中，石峰、石柱、巉岩、峭壁，都好像被艺术大师塑造过，构成一幅幅精巧美丽的山水立体图案或动植物形象。

定光洞位于石峰寨北端，洞外悬崖陡立，灌木丛生；洞口高 2 米，宽 3 米，洞口内有一座天然佛像，说是定光禅师的化身，故得名"定光洞"。洞内宽敞，分高、中、低三层，上下相通，可容千百人，有"上三层，下三层，游览半天，看不完三层"之说。往下深邃是头一个洞，约 50 平方米，深 20 米，洞壁凹凸不平，洞顶穹隆，洞中石钟石乳林立。大洞小洞相连，景致一个接着一个，有"倒挂灵芝""美人浴泉""天河瀑布""倒吊芙蓉""金龟守池""猴王戏象""虬龙潜壁""插海神针""石壁人参"等，琳琅满目。

七星洞在石峰寨南端，内有七个洞相连，形状各异。洞口形似龙口咽喉，沿铁管梯而下 20 多步，站在宽约 2 米的绝壁沿边，迎面一岩凸出，

● 官坊溶洞

像头雄狮。顺着灯光向下望，是一条长形迂回的深壑，两边危崖似瀑，直泻而下，小声言谈，则回声震荡。下有"先人浴池""观音石""龙宫巨柱""韩湘子度妻""仙人坛"等美景。

龙宫九曲洞在七星洞左侧，有大小洞口，坐落在石峰寨山坡上。大的洞口像井，垂直而下，底壑如厅，有石隙长廊可通。石景状似珍珠，灿灿发亮。最引人入胜的是"摇钱宝树"，上面结满果实，五颜六色，像翡翠玛瑙，相传是南海龙王收藏珍宝的地方。

仙人洞在石峰寨中麓，洞口朝南，洞内有天工雕凿的"吕洞宾醉酒"画像，惟妙惟肖，令人惊叹不已，故此洞取名"仙人洞"。

通天洞在石峰寨西麓，又名"望天洞"。洞门似帐，入口阴暗，岩顶有穴，名曰"天窗"，可以观天。出口为一圆洞，宛如一轮圆月。由此而出，可至石峰寨顶。据传，泉州处士石钟圆曾居此修炼，今称为"佛门净地"。龛上奉祀观音大士、定光禅师、伏虎禅师佛像。

官坊溶洞是南山镇的一颗地下明珠，若全部开发，官坊洞群将连成一片，必将成为八闽名胜，使长汀旅游事业更上一层楼。

通济瀑泉

通济瀑泉是通济岩上的一道美丽风景，在古代，享有长汀八景之一的盛名。现在仍有许多游客常前往观光。

通济岩位于长汀城东郊，距城 5 千米。从汀城苍黄路出发，经过观音桥向右拐入一条田间小道，行约里许，山谷中立着一座高坝，围着一座水库，叫通济岩水库。沿着水库石阶而进，两边悬崖陡壁，奇石嶙峋，清泉在涧底石罅中奔腾跳跃，淙淙作响。崖下，有一座庵庙，庵前绿树成荫，灌木丛生，有小洞壑几处，可容人憩息。有一洞壑，据说昔日曾有观音石像一尊，旁有联云："舍身济世，普度众生。"含有"通济"的意思。可惜，佛像与联今已不存。再进不远，一堵悬崖矗立，崖顶上一股银练似的飞泉，从高高的岩峡之间直泻而下，虽没有"飞流直下三千尺，疑是银河落九天"的雄伟气势，但飞珠溅玉，蔚为壮观，这就是通济瀑泉。

　　通济瀑泉可以从不同角度观赏。如果直接坐在瀑泉石上，可听到瀑声如鼓轰鸣，而飞起的水花如浮云霏雹，飘落在身上，真是凉爽宜人。如果走到崖下，那里有座四方形的观瀑亭，琉璃盖栋，坐在亭中，只见万斛飞泉，累累贯珠，万缕千丝，让人为之目眩。瀑泉两岸有一桥相通，走过桥，上岸，有一座小庙，进庙登楼观瀑，又是一番景象，清泉飞流如万马结队，穿梁狂奔。而两岸危崖陡立，怪石峥嵘。明代都察院左都御史马驯来此一游，赞叹不已，作诗一首，诗曰：

● 通济岩

悬崖飞瀑鸣汤汤，界破衰山中一行。

天孙欲刺云素裳，织就白练千尺长。

瀑泉附近有一悬崖，叫舍身崖。崖上有断层，宛似平台可容人坐卧。相传，元末陈友谅部将因兵败在此隐居，常在此打坐，以山果清泉充饥。后闻陈友谅死，乃跳崖自殉。于是，后人称此崖为"舍身崖"。

第六章

文人笔墨

大美汀州 | 历史名城

汀州大地，山川秀丽、草木华滋，文脉鼎盛、人才辈出。汀州的灵山秀水，吸引着众多文人骚客驻足流连，他们或引吭高歌，留下咏叹诗赋，或妙笔生花，写就传世华章。即使是为官一任的官员，也按捺不住诗情的涌动，为他们立下勋劳的客家祖地，留下了许多优美的诗句，如星光闪耀，为历史文化名城增添了无限魅力。

汀州杂忆

郑朝宗

别长汀不觉已将三十五年了！如今年老畏途，再到山区是绝无可能的了。苏东坡诗云："人生到处知何似？应似飞鸿踏雪泥。泥上偶然留指爪，鸿飞那复计东西！"我在长汀待过几年，那里有无留下我的一些踏迹，不得而知，但我毕竟不至于像飞鸿那样无情，一去之后，便什么印象都没有了。

我初次到长汀是在 1938 年的秋天。当时厦门大学迁来这里刚满一年。记得那日清早从南平出发，一路上翻过无数高山峻岭，到县城车站时已是薄暮时分。昏黑中看见一种奇异现象，就是车站上搬运行李的全是妇女，而在旁边指手画脚的却是男人。那天夜里和同宿舍的杨君闲谈，得知这地方颇有一些与别处不同的风俗习惯。杨君告诉我，经过兵燹，这个县城几乎每家都损兵折将，没有一家是完整的，我们租住的这家也只剩下一个老太婆和她的小孙子。翌日我出去散步，眼见这劫后的山城残破萧条的样子，只有孔尚任的《桃花扇·余韵》差可形容。这里是府治所在，可想而知，本是相当热闹的。走入深巷，还可看到破败不堪的高门大户，这些大抵是所谓书香门第，门上贴着褪了色的对联，写得一笔好字，句子也漂亮。有一家的门联是"长岗日暖舒龙鬣，宝树风和起凤笔"，词翰双绝，令人注目。后来和地方上的人士熟识了，知道这里懂得旧学的人不少，文化程度是相当高的。大约与此有关，长汀的士子对瞿秋白都很敬佩，热烈称赞他的学问才情，对他的英勇就义也津津乐道。这是四年前我亲耳听到的公道之言，对于后来的一切诬蔑不实之词我早已嗤之以鼻！

长汀人民喜欢大的东西，传说有民间"八大"。那天我在街上看到的豆干有小方桌那么大，又在酒店里看到比别处大两三倍的酒壶。冬天里，当地男女都在罩衫下抱着一个大火笼，借以取暖。另外，还有拖在妇女脑后的大椎形髻。其他四大，我记不清了。此地的妇女确实是勤劳的，一出郊区，在公路上熙来攘往，肩挑背负的；在普通人家里，起早迟眠，包揽家务事的也是她们。这种妇女真可算得上中华民族的"脊梁"，时隔三十多年，不知这风气还存在否。

长汀地处万山之中，"一川远汇三溪水，千嶂深围四面城"。这两句宋人的诗准确地概括了这座古城的形势。在这千嶂之中，东面和连城县交界的松毛岭，是著名的恶岭，又高又险，一条草草修建的盘山公路，既窄又陡，过岭等于过鬼门关，不仅乘客胆战心惊，连司机也异常紧张。他们照例在上岭之前，要加足了油，吃足了烟。特别是在多雨的季节，土软路滑，一不小心就要翻车。我们在长汀那几年，翻车的事件只是家常便饭。现在听说松毛岭已完全改观了，这真是无量功德。

和别处一样，长汀也有"八景"，可惜我已大半忘记，只记得龙山和苍玉洞。龙山在城的北部，毗邻厦门大学校址，是我们常去登临的地方，上面有个北极楼，从那里可以坐看长汀全境。如果我的记忆不错，山上长满了松桧，所谓"长冈日暖舒龙鬣"，写的大约就是这一景色。苍玉洞离城较远，是我们常去躲避日机空袭的地方，那里有什么好风景现在记不清了。印象最深的，倒是不在"八景"之列的梅林。它在汀江的彼岸，过了水东桥，还要走一段路。这儿有一片树林，大约有数百株，平时无甚可看，一至隆冬便不同了，树上长满红白梅花，远望如云霞堆叠，绚烂至极；到了近旁，则阵阵清香，爽心悦鼻，有林和靖之癖的人，一定会诗兴大作，高呼"幸有微吟可相狎，不须檀板共金樽"。回到厦门后，再也看不见这样的奇景，因此每逢岁暮，我辄自然而然地想起了梅林。此外，长汀尚有一景，即纪昀在《阅微草堂笔记》里讲的试院堂前两株唐朝古柏，试院早已没有了，但我确实亲眼看到那两株古柏，长得庄严肃穆，令人起敬。我希望这稀有的古物，在十年劫火之中，幸免斧锯之灾，至今还活着。

长汀的水土是干净的，民风是淳朴的。抗战期间，厦门大学在这里待了八年多，听说前后只病死了两个人，这几乎是一种奇迹。这里不仅没有受到大城市里流行的传染病的侵袭，而且也没有严重沾染热闹地区常有的尔虞我诈的恶习。初到长汀时，由于校舍的欠缺，许多教职人员都租民房，倘在别处，这种情况一定会引起高抬租金的事；然而这里没有，尽管屋宇简陋，而取费却是低廉的。同样，在一个偏僻小城里，突然增加了成千的人口，按理物价一定会暴涨，然而这时也没有，食用东西非常便宜。记得有一家卖烟酒杂物的店铺，门口挂着一块大牌，大书"童叟无欺，言不二价"八字，这在别处也是常见的，但照例是骗人的话，绝不认真执行，而这里却大体做到了。所以，抗战初期，厦大师生在长汀过的生活，除居住条件差以外，并不太艰苦。和别处不一样，长汀人不仅不歧视外地人，实际还非常好客，你什么时候去拜访他们，总会受到热情接待。春节期间，他们有一种很有趣的风俗，客人上门贺年时，总要留下来喝酒，假如你不知道当地的规矩，不自动要求退席，这酒便一直喝下去，从清早直到晚上。长汀出产酒，家家户户都会酿酒，因此酒是喝不完的，但菜只有一味——白菜炖猪肉。你不自动退席，猪肉白菜便一碗接着一碗送上来了，多可贵的人情啊！陆放翁诗云："古风犹在野人家。"其实，在僻远地区，"古风"何止野人家有，便是城镇斯文人家里也有的。这是几十年前的情况，现在不知变化没有。

那一时期，从沿海城市迁到内地去的学校，大部分有损失，有的干脆散掉了，只有厦门大学得到发展。这自然与厦大全体师生的共同努力，以及已故校长萨本栋艰苦卓绝的办学精神有关，但也要归功于长汀人的精诚协作。他们在各方面为厦大提供了办学和生活条件，使大批人马在很短的时间内就安顿下来了。于是，残破不堪的小山城一眨眼便成了粗具规模的文化城：文、理、工、法、商五个学院相继成立，几十座新校舍遍布龙山之麓，莘莘学子不远千里来自苏、浙、赣诸省，弦歌之声响彻山城。厦大固然因此一跃成为东南一带著名的最高学府，而长汀人也功不唐捐，终于受到新文化的洗礼，接触了现代科学和文艺。山城看不到电影，那一时期演话剧成为一时风尚。厦大师生中颇有一些人擅长此艺，他们演出了许多名剧，如《雷雨》《巡安使》《清宫外史》等。人才是从实践中锻炼出来的，就演技而论，他们一般不会输于二三流的职业演员。长汀人对话剧也感兴趣。每逢演出，他们辗扶老携幼，蜂拥而来，座无虚席。回想起当时的情景，我心里有说不出的怀旧之情。

西方人有过这样一种说法：青年人希望在前头，所以爱做梦，而老年人则只能看见幻影，因为他的好日子已过去了。我已届古稀之年，本来梦就不多，如今更少了，真是"和梦也新来不做"。然而，每日忙碌之余，有时还会被回忆所侵扰。生平去过的地方很多，这些像幻影似的一幕一幕地从脑海中跃过，上面对长汀的回忆就是其中之一。由于回忆支离破碎，写来也嫌杂乱无章，十分浅薄。但我对长汀的感情可是深厚的。我由衷祝愿这个古老城市随着时代的变更而不断前进，同时又坚持它固有的淳朴民风而加以发扬。

（选自 1991 年《乡情小集》）

　　作者简介：郑朝宗（1912 ～ 1998），1936 年毕业于清华大学外国语文学系，曾留学英国。1938 年以来长期执教于厦门大学中文系。曾任福建省文联副主席、厦门市文联主席、厦门大学中文系主任。中国作家协会会员，我国著名的作家、学者。代表作有"钱（钟书）学"研究论著及《海滨感旧集》《护花小集》《海夫文存》等。

栗和柿

施蛰存

南寨是长汀郊外的一个大树林，但自从大学迁到这里来之后，它便成为一个公园了。我们很不容易使僻陋的山城里所有的一切变成为都会里所有的。例如油灯，不可能改成电灯，条凳不可能改做沙发，但把一个树林改成公园却是最容易的事。虽说如此，这公园里还没有一个长椅足以供给我们闲坐。因为此地原来有两个用国父及总裁的名字为题名的公园；那里倒尽有几个长椅，甚至还有亭子，但我们宁愿喜欢这个没有坐处的树林。我们每天下午，当然是说晴和日子，总到那里去散步。既说是散步，长椅就不在我们的希望中了。何况，倘若真需要坐下来的话，草地上固然也使得，向乡下人家借一个条凳也并不为难。

我到这个小城里的第三天，就成为日常到那里去散步的许多人中间之一了。也许，现在我已成为去得最勤的一个了。这个季节，应当是最适宜于我们去散步的季节了，虽然在冬尾春初或许将更适宜些。因为这是一个绵延四五里，横亘一二里的柿栗梅三种树的果树林。那里的树，差不多可以说只有这三种，若说有第四种树木的话，那是指少许的几株桐子树，而这是稀少得往往被人们所忽略的。

栗与柿是同一个季节的果木，秋风一起，它们的果实就硕大起来了。

栗子成熟得早一些，柿子的成熟期却可以参差到两个月以上，因此，由于它们的合作，使人们整个秋季的散步不觉得太寂寞了。当我最初看见树上一团团毛茸茸的栗球，不禁想起了杭州西湖的满觉陇，那是以桂花与栗子著名的一个山谷。是的，桂花也是秋季的植物，它给予我们的愉快是那些金黄色的，有酒味的花。不知谁有那值得赞美的理想，在那山谷中栽满了这两种植物，使我们同时享受色香味三种官能的幸福。从这一方面想起来，我感到第一个栽种栗柿而遗忘了桂树的长汀人，确是比较的低能了。

栗子成熟的时候，它那长满了刚鬣的外皮自己会裂的。但它的主人却不等这个时候，就把它取下来了。那是怕鸟雀和松鼠会趁它破裂的时候偷吃去。人们取栗子的方法是用长竹竿打它下地，然后用一个长柄的竹钳子来夹起扔进一个大竹箩里去。这样，它虽然有可怕的刺毛，也无法逃免它的末劫了。我每天看见老妇人在仰面乱打那些结满了果实的树枝，而许多小孩子在抓着一个与他们身子一样长的竹钳子奔走捡拾的时候，又不禁会忆起古诗"八月扑栗"的句子，这个扑字，真是体物会心而搜索出来的。

这几天，树上的栗子差不多完了，但市上却还有一批一批的出来。这是因为近年来外销不畅，而这又是一种可以久藏的干果。但是，抱歉得很，除了把它买来煮猪肉当菜吃之外，我却不很喜欢吃栗子。至于柿子呢，虽然从前也不很喜欢它，而现在却非常欣赏它了。我发现我对果物的嗜好，是与它的颜色或香味有关系的。栗子就因为特别缺乏这两个条件，所以始终被我摈斥了。这里，你也许会问我：柿子并不是近来才变成美丽的红色的，何以你到如今才嗜爱它呢？是的，这必须待我申述理由。原来我对于柿树的趣味，确是新近才浓厚起来的。记得幼小的时候，在我家的门前有一个荒废了的花园。那园里有一个小池塘，池塘旁边有一株大柿树。这是我所记得的平生看到的第一株柿树。不幸那柿树每年总结不到几十个果实,虽然叶子长得很浓密。当柿叶落尽的时候,树上再也看不见有什么柿实,于是在我的知识中,向来以为深秋时的柿树,也像其他早凋的树木一样,光光的只剩了空枝。

现在,我才知道不然。柿树原来是秋天最美的树。因为柿实殷红的时候,柿叶就开始被西风吹落了。当柿叶落尽的时候,挂满树枝的柿实就显露出它们的美丽来了。而且,这里的柿树的生殖力又那么强,在每株树上,我们至少可以数到三百个柿实,倘若我们真有这股呆劲,愿意仔细去数一数的话,于是,你试想,每株树上挂着三百盏朱红的小纱灯,而这树是绵延四五里不断的,在秋天的斜阳里,这该是多么美丽的风景啊!我承认,我现在开始爱吃柿子了。

● 南寨梅林

但其理由并不是因为我发现了它有什么美味——事实上，曾经有许多柿子欺骗了我，使我的舌头涩了好久——而是因为我常常高兴在把玩它的时候憧憬着那秋风中万盏红灯的光景。俞平伯先生有过一联诗句，曰：

遥灯出树明如柿，
倦桨投波蜜似饧。

这上句我从前曾觉得有意思，但只是因为他把遥灯比做柿一般的明而已。至于"出树"这两个字的意思，却直到现在才捉摸到。可是一捉摸到之后，就觉得他把灯比之为柿，不如让我们把柿比之为灯更有些风趣了。

当这成千累万的小红纱灯在秋风中一盏一盏地熄灭掉，直到最后一盏也消逝了的时候，人们也许会停止到那里去散步了。于是天天刮着北风，雨季侵袭我们了。在整天的寒雨中，那些梅树会首先感觉到春意，绽放一朵朵小小的白花。我怀疑梅花开的时候，是否能使我觉得这个公园比柿子结实的时候更为美丽？因为我仿佛觉得梅树是栽得最少的一种。但一个已在这公园中散步了三年的同事告诉我，并且给我担保，梅树的确比栗树和柿树更多。他说："当梅花盛开的时候，你不会看见柿树了，正如你在此刻看不见梅树一样。至于栗树呢，即使当它结实的时候，也惟有从山上，或最好是飞机上，才看得出来。"

既然人人都说这公园里的梅花是一个大观，当然我应该被说服了。好在距离梅花的季节也不远了，关于那时候的景色，我必须亲自经验过后才敢描写。不过，使我奇怪的是，本地人仿佛并不看重他们的梅花。他们的观念跟我们不同。我们在一提起梅树的时候，首先想到梅花，或者更从"疏影横斜水清浅"这诗句，联想到林和靖、孤山、放鹤亭，等等；而他们所想到的却是梅子。我们直觉地把栗与柿当作果树，而把梅当作花树,他们却把这三者一例看待。我想即使柿与栗都能长出美艳的花朵来,也不至于改变了他们的观念。因为花与他们的生活没有关系。一个摘柿子的妇人曾经对我说,明年是梅子的熟年,市上将有很好的糖霜梅和盐梅,并且邀我明年去买她的梅子,但是她始终没有邀我在新年里去看梅花。多么现实的老百姓啊!

(选自《施蛰存作品精选》)

作者简介: 施蛰存(1905～2003),原名施德普,浙江杭州人。1932年主编文学月刊《现代》。曾在云南大学、厦门大学、华东师范大学等任教。中国现代文学史上著名作家、学者、文学翻译家。他是中国"新感觉派"的主要作家之一,代表作有《梅雨之夕》《春阳》等篇。还翻译了数百万字外国文学作品。

罗汉岭前吊秋白

曹靖华

　　我常想，二十多年来，中国革命文艺及革命文化的战士们，在国民党反动派的极端残暴卑鄙的白色恐怖下，始终坚贞不屈，英勇战斗，走上正确道路，树起革命文风，是由于中国人民的英明领袖毛主席及中国共产党的正确领导；而鲁迅先生与秋白同志并肩奋战，粉碎了敌人的迷雾似的文艺思想的作用，也是很大的。尤其是对第三种人及对"民族主义文学"的论战，对中国当时文坛，确是如拨云雾而见青天。像秋白的《文艺的自由和文学家的不自由》等几篇文章，连敌人也不能不折服。这些都诚如鲁迅先生得悉秋白落入国民党魔爪中时，在一九三五年五月二十二日夜来函所云："它事极确，上月弟曾得确信，然何能为。这在文化上的损失，真是无可比喻。"这确是中国人民不能弥补的大损失。

　　这里顺便说明几句："它"是秋白，是生平与友人通信用的符号，《鲁迅书简》中偶尔可以遇到这样的名字。这是由"维它"或"史维它"简化而来。后两名从一九二三年起，在他主编的《新青年》季刊（由月刊改的）上，偶尔可以见到。而"史维它"及"史铁儿"，均由 STR（如《海上述林》书脊上所印者）之音译而来。STR 则为 STRACHOV 一词的缩写，也就是秋白俄文姓 CTPAXOB 之英文拼音。《鲁迅书简》中偶尔还可遇到

"它嫂"两字，这是称秋白爱人杨之华同志的。

秋白被害后，十六七年来，中国革命人民，尤其是中国文艺界，始终怀着悼念他的沉痛的心情。但对他就义时的情景及就义后的种种，除当时报纸略作记述外，至今再未见提及。秋白是我生平受教最大的严师益友，也是冰雪中过从甚密的相知。他被害后，十余年来，再一忆及，

● 瞿秋白纪念碑

他的声音笑貌，就活现目前，而对杀他的敌人，则更恨入骨髓了。

十余年来，时时幻想着怎能有机会去凭吊一下秋白墓及就义地，并对当时的情况作一番访问呢。

今年七月，中央人民政府组织了南方老根据地访问团，令我参加。我才有机会赴长汀凭吊秋白就义地。

八月二十四日晨九时二十分抵长汀，这是一九二七年后，第二次国内革命战争时，福建苏维埃政府所在地。

车直驶西街县人民政府。因事先未与县府联系，县长早晨即因公下乡，由朱其昌秘书招待。我们述明来意后，朱秘书立即派人邀了张仁福、刘玉堂两位来。

张仁福是职业抬棺人，是当时亲殓秋白，替秋白抬棺人之一，现年五十八岁，住长汀西街。其他三个抬棺人现已无下落。刘玉堂是贫农，拾粪人，现年四十七岁，住距城约五里之黄田背村。这是现在能找到的秋白就义时仅有的两个目击人。

长汀中学西，有一小公园，当时名列宁公园，敌人占领后，改名为中山公园。这是秋白就义前用刑餐的地方。

由此往西，距城约半里许，公路北有小山一座，名罗汉岭，岭脚及山腰处，荒冢累累，气象阴森。岭前有一小草坪，直抵公路。原为清末收容聋盲无依老人之养济院废址，现虽成草坪，但尚有屋基可辨。草坪正中即秋白就义地。

由此往西，不及一里处，公路以北，丘陵起伏，名盘龙岗，为秋白墓穴所在地。遗骸今年七月已由长汀县府起出，装入瓷坛内，存县府。墓仅剩一穴，黄土乱砖，堆积穴旁，土色新鲜，宛如昨日所掘者。当时曾口头请朱秘书转达，建议长汀县府，将遗穴填起，修一衣冠冢，并立碑石，留作纪念。

据张仁福说：秋白同志是一九三五年二月二十三日，在长汀东约九十里之水口被国民党钟绍葵所俘。被俘后，押至长汀，囚西街福建省立第七中学伪三十六师宋希濂司令部内。当时居民均不知被押者为何人。

同年六月十八日上午，将囚人押至中山公园吃刑餐，园内虽未驻兵，但因囚人用刑餐，门禁森严，居民不能入内，故当时园中情况，一概不知。隔墙听有歌声，至于所唱何歌，也难辨别。据云所唱者为国际歌。

当日上午约十点钟，刑兵将囚人押往刑场，未绑。囚人着小衫，短裤，鞋袜，意态从容。行至罗汉岭前，靠山脚处草坪正中间，面对罗汉岭，盘足而坐。刑兵即宋希濂卫士，用盒子枪由背后射击，一弹毙命。事后，居民见布告，始知被害人为瞿秋白同志。

被难后露尸至午后四时左右，始有人送棺木一具，张仁福说，他亲自代为装殓，并抬至盘龙岗埋葬。

拾粪人刘玉堂说，他当日上午，同平常一样，入城拾粪，由西街经过时，正遇秋白就义。所述目击详情，与张仁福无出入。

午后四时半离开长汀。夕阳里，汽车徐徐地驶过了秋白的就义地，直向瑞金驶去了。

罗汉岭慢慢地留在身后……秋白的面影，浮现到我的心头，秋白的音浪，激荡着我的耳膜……

（节选自 1951 年 10 月 21 日《人民日报》——《罗汉岭前吊秋白并怀念鲁迅先生》）

作者简介：曹靖华(1897 ～ 1987)，北京大学教授，著名的革命文学家、翻译家和教育家，鲁迅先生的好友。

汀州写意

黄文山

汀州城，你竟是浮在汀江上的么？

为什么，一清早，我就能听到如许亲切、如许清亮而又如许悠长的捣衣声？这似乎是从远古传来的声音，透过江面上迷蒙的水汽，让我的每一个梦乡都变得那样美丽、那样实在、那样安详。漫步江堤之上，眼前则一道道让人低回不尽的风景。凉爽的江风吹拂起一只只柔美的手臂，每一只拿棒槌的手臂都和着一种韵律向着江面击打，于是，远远近近，次第传来清清亮亮、不绝于耳的捣衣声。这百里汀江上的捣衣声，连缀着岁月，诉说着艰辛，同时也接续着一座边城明丽的传统。

走下江堤，穿过一道深深的古巷，抬眼间，龙潭正踏着汀江上动人的晨曲飘然而至。汀江在这里流出一处幽深的风景。不知道为什么把它叫作龙潭。数十块铁青色的巨石怎么就来到了江边？而且或蹲或立或干脆躺下，组成一道起伏而坚固的江岸。江水却似乎偏爱这一群颇有些霸莽的入侵者，水流温柔地从它们的膝前乃至胸间流过，轻溅的水声如慕如诉。一棵棵虬曲多姿的古樟树正俯临江水，如同一位位悠然垂钓的老者，且偷眼看那水石相嬉之乐。谁也说不清这些樟树的确切年龄，岁月仿佛在它们身上凝固了。

177

从龙潭抬首上望，透过老樟树扶疏的枝叶，只见一座凌空古阁，翘檐欲飞。阁建于何时，方志无考。《临汀志》仅载：此阁先名"清阴"，又改"延清阁""集景楼"。宋绍兴年间提刑刘乔，待阁傍龙潭而立，仰望如骏马腾云，遂改称云骧阁。这里历来是长汀读书人聚会的地方，他们凭阁远眺，俯看江水，思绪若飞，云骧阁寄托着一代代读书人腾飞的希望。尽管楼阁曾几经焚毁，但很快就被修复，长汀学人士子的吟啸声便始终伴随着龙潭流水。这种景象一直延续到了1929年，毛泽东率红四军攻克长汀。书生本色的毛泽东竟看一眼便相中了云骧阁，将中央苏区第一个县红色政权——长汀县革命委员会设在这里。其实云骧阁只是一座两层楼房，面积并不大，除了地理位置独特外，毛泽东看上的或许还有这气势不凡的阁名。

在汀江边的这座小城里，往昔岁月的痕迹随处可见。长汀南门外至今还完整地保存着一道古老的外城墙，青苔漫布的城门洞里破残的砖石上依稀可见道道箭痕。就在这里曾进行过惨烈的战事。明末在福州登基的唐王被清军追赶从南平一直逃往汀州，清兵随即包围汀州，一场激战便在南门外爆发。可是当我登上城墙却看不见敌楼、箭垛，眼前倒有一座规制虽小但香火颇盛的寺院，庵堂里的一切都透出几分沧桑，据说它已有三百多年的历史。不仅仅是寺院，还有不少民房就直接修建在宽阔的城墙上。这当然不是因为战争，尽管这座边城曾几经战火。那么或许是因为滔滔汀江。我想象得到，当洪水肆虐时，宽阔而坚固的汀州城墙就成了一艘庇护百姓的大船。汀州城，便是这样地浮在汀江上了。

汀江源出宁化县的乱萝山，经长汀、上杭曲折南流，在粤东汇入韩江，最后注入东海。在我国地理上，这是一条特殊的河流。大凡江河都是自西向东流，而汀江却是由北向南。这也是汀江得名的由来。因为古代以南方属丁，乃在丁字旁加水，作为江名。

不过，以水得名的长汀，却是一座地道的山城。宋朝汀州太守曾这样描述它:"一川远汇三溪水,千嶂深围四面城。"长汀四面环山,莲花山、展旗山、宝珠山,重冈复岭,可谓"城在山之中";而城中则有卧龙山和乌石山,是为"山在城之中"。

城中之山的卧龙山最让长汀人引以为豪。史籍载:"(郡城)就中突起一山,不与群山相属,如龙盘曲而卧。故名。"北山不高,满山遍植松树,望之蔚然生秀,是汀州城一座天然画屏。不论你在城中哪个位置,抬起头便能看到它。每当薄暮时分,山风渐起,松涛阵阵,响人耳鼓。你若在这时候沿山漫步,心里头便会沉甸甸的。不为别的,就为近现代史上那一位位杰出的人物。这阵阵松涛一样掠过他们的耳畔,一样和着他们的脚步,一样在他们心中回荡。

走在这条翠意撩人的山径便仿佛走在他们身边,听他们或慷慨陈词或轻吟低回或畅怀大笑。不知为什么,在他们中我特别感怀书生的革命家瞿秋白。卧龙山西麓的罗汉岭是瞿秋白先生的就义处。据说,当他被押往刑

● 汀江龙潭

场途中，曾在此驻足。他抬头看了看苍翠欲滴的北山，说：此地甚好。遂平静坐地，从容就义。由此往东，不远处有"秋白亭"，秋白赴难时就在这亭子前留影。他身着黑色圆领衫、白色西装短裤，背手而立，安闲的神态像是在公余散步。这让人想起他说过的一句话：人生公余是小休息，夜晚是大休息，死去是真休息。这相片只要是看过便怎么也忘不了。有了这一段让人拂之不去的往事，松竹苍翠的卧龙山也就格外耐人寻味了。

卧龙北山下有著名的"福音医院"。这所由英国教会创办的医院依山势而建，分前后两部分，前为门诊部，后为住院病房和手术室。青瓦白墙，透出异国情调。1929 年红军入闽时成为中央苏区第一所红军医院。毛泽东和其他中央领导人都在这里疗养过。山顶有一座金沙古寺，寺内建有"北极楼"。登楼俯览，汀州形胜，历历在目。傍晚从"福音医院"上山，登北极楼，成了毛泽东每日的功课。而今，站在北极楼上，已经难以将整个长汀城区尽收眼底，但不论城市怎样生长，都改变不了卧龙山在长汀人心中的重要位置。

说是地方僻远也罢，说是民风淳朴也罢，总之，在长汀城里漫步，让你流连并为之感动的不是那些所谓现代化的建筑，而是寻常巷陌中随处可见的带着沧桑且斑驳的古意。一处庭院深深的人家，一座烈焰熊熊的打铁炉，一块古色古香的招牌都能让你感到那曾经逝去的岁月似乎又回到身边。

每天清晨，当那一阵阵此起彼伏的捣衣声响起，我就知道，因了这样悠扬动人的晨曲，这座汀江上的小城便永远也不会被现代生活的浪潮吞没。

（选自 2005 年 10 月 29 日《人民日报》）

作者简介：黄文山（1949~   ），《福建文学》主编，中国作家协会会员、福建省作家协会主席团委员。著有散文集《四月流水》《相知山水》等。

松涛

何为

　　福建汀州城内北山之麓，一九〇四年英国教会设立的"福音医院"，在革命运动风起云涌的那些年代，虽然也留下历史暴风雨的一点痕迹，可是就整个医院的外貌来说，却依旧那么森严阴郁。坐落在黑褐色岩石上的病房和附属教堂，都是灰暗的。

　　一九三二年九月的一天，这个教会医院里忽然充满了阳光和节日的气氛。一九二九年"五卅"爱国运动后，接替英国医生担任医院院长的傅医生，照常在医院巡查病房。到处喜气洋洋。一个年轻女护士追上来，悄声要求派她到老古井病房去值班。她说："我保证一定完成任务！"院长没有掩饰他心中的愉快，但他没有作声。护士的心情是可以理解的。不过，提出同样要求的不止她一个人，该派谁去！

　　这个远近数百里规模最大的"福音医院"，虽然还挂着教会医院的陈旧招牌，但实际上一九二七年"八一"南昌起义后，医院就变成起义部队三百多个伤病员的病房。徐特立和陈赓同志等红军领导人，都在这里治过病。医院还一度是党的重要秘密据点。为了便于毛主席了解国内外形势，院长特地订了上海和广州出的四种报纸，设法及时送给主席阅览。

　　傅医生不觉抬头仰望北山。这座名山的山势宛如巨龙蜿蜒而下，因此又名卧龙山。满山都是古松，一大片浓重的绿荫，真是百里外都能望见。傅医生与北山松林朝夕相处多少年了，只有今天他才发现，阳光普照下的高山苍松，竟是这样葱茏郁茂。他猛地一个转身，大踏步向山上走去。

坡道上的丁字路口有个井台，正方形的老古井，有一张八仙桌那么大。由此向山坡走数十步，有一座宽敞的二层楼，掩映在林木深处。这是附属于医院的一个休养所，人们习惯地称之为老古井病房。当傅医生走近他熟悉的这座楼时，急促的脚步渐渐放慢下来。

就在老古井病房里，今天住着他日夜思念的毛主席！

毛主席从一九二九年三月到一九三三年十一月，辗转往返于江西和福建的红色区域之间，创建了一个又一个革命根据地。当年的长汀古城

● 北山松涛

隶属汀州府，红军和白匪军数易其手，现在已成为中央苏区根据地一个繁荣的政治经济中心了。

毛主席先后七次来到长汀，傅医生并不是第一次见到毛主席。不过这一次毛主席是因为在长期转战中得了病来治疗休养的，随身只带了一个警卫班，这就使傅医生更加关心主席的健康了。

毛主席在老古井病房楼下的居室，面临长廊，后面紧靠着北山山麓的巉岩。室内前后各有一扇大百叶窗，窗外时或传来山上的松涛声和城内流过的汀江水声。傅医生站在房间门口。他一眼看见，毛主席穿了一套灰色的粗布军装，头戴红星八角帽，仿佛满身还披着征途上的仆仆风尘和缕缕硝烟！平常总是很冷静的医生，这时再也控制不住自己的感情，低低喊了一声"主席，您来了！"千言万语再也说不下去了。

毛主席站起身来紧紧握住傅医生的手。医生的职业本能立刻发现，毛主席是多么需要好好休养。可是回答关于疾病的详细询问时，毛主席却笑着说，还是请傅医生陪同先到医院看看红军的伤病员，见见工作辛苦的医生和护士们，借此也参观一下医院中的医疗设备。

毛主席在老古井病房度过一九三三年整个秋季以及冬季最初的日子。虽说毛主席是来养病，其实占据他全部时间的是社会调查。各种不同职业的群众，不分昼夜应约前来参加各种座谈会。毛主席的房里经常坐着一屋子人。直到夜深人静，毛主席还在百叶窗前伏案起草文稿。山间的秋夜多风，山上一阵阵的松涛声彻夜不歇。

傅医生一天数次来到老古井病房，除了必要的按时检查诊治以外，多半是在屋外草坪上站一会儿就走了。因为怕影响主席的工作。每次当他听到百叶窗内群众活跃的笑语声，看到深夜不灭的灯光照在长廊上，他又感动又不安。作为医生，看到这样不顾自己健康的病人是不能允许的。作为革命者，又不能不为伟大领袖这种不知疲倦的忘我工作精神，受到极大的鼓舞和教育。最后他采取一种积极的办法，每天下午邀请毛主席一同出去散步。在空气清新的山上活动也许是更好的休息。

这个合理的建议，毛主席欣然同意了。

每天下午五点钟，傅医生风雨无阻准时来到老古井病房。毛主席于是就放下手里正阅读的书或者捏在手里的笔，带着几个警卫员，登上北山去作秋天黄昏的散步，通常不少于两小时。有时直到满天星斗在秋夜的苍穹灿然发亮，才结束这一天有意义的登山活动。

北山在城中。在城外绵延起伏的群山绿色屏障拱卫之中，这座古松成林的名山更显得气势雄伟。"北山听涛"是汀州的八大景之一。傅医生陪着毛主席走遍山石错列的每一片土地，穿过一棵棵高耸挺拔巍然而立的巨松，不知多少次登攀高高的山岭。

每天登山，毛主席总是选择不同的山径，宁可走崎岖陡峭的路，走那些没有人走过的路。一个初冬的夕暮，斜阳染红了北山。山上罗汉松密集的松针金光闪烁。毛主席对傅医生和几个警卫员说：大家比比看，看谁先登上山顶！这是一个令人鼓舞的召唤，也是一声登山的军令！傅医生紧紧追随在毛主席后面，奋勇爬山。秋风劲吹，松涛喧腾，毛主席带领一行人直奔高山之巅！

这时候，北极楼上响起了庄严的钟声。

北极楼高踞山顶，雄峙一方。登楼四顾，只见天边绵亘不绝的山峦环立如画屏。城南十五里的长岭寨，形势险要。一九二九年三月十四日，毛主席率领红四军消灭了国民党军阀郭凤鸣匪旅三千余人，乘胜解放了长汀县城，在长岭寨打响了入闽第一枪。迎面的宝珠峰夹峙在层叠的诸峰之间，岭下的宝珠门是红军首次入闽之门。城内水东桥以北乌石山上云骧阁，朱栏飞檐及赭色围墙，绚丽夺目。那是毛主席亲自创建的中央苏区第一个红色政权机构，最早的长汀县革命委员会所在地。毗邻梅园和栗树林子的是南寨广场。山城解放后的第一天，广场举行群众大会，毛主席在大会上作了振奋人心的讲话。汀江秋水与长天相连，浩渺旷远。

在秋天夕照下，这一处处彩色缤纷的秋景令人目不暇接，而挥写一幅幅革命历史图景的伟大领袖毛主席，这时就站在山巅的百尺高楼之上。毛主席又站得这么近，这使傅医生感到莫大幸福。

啊！幸福的秋天黄昏的散步！每天散步仿佛都使傅医生在革命道路上前进一步！回想起这些日子，每天两小时的山程，踩过一层层被山风摇落的松针，呼吸着馥郁的松脂香味，毛主席引领傅医生登高致远，教育他认识人生，学习社会，医生的思想境界大大开阔了。他认识到医生的工作不只是为人治病，更重要的是改造世界！那时他已经三十八岁了。几年来他固然为革命做了一点工作，但是没有崇高的目标和远大的理想，因此，直到那时他还没有参加无产阶级先锋队组织。

在以后漫长的革命岁月里，傅医生跟随毛主席攀登了一座又一座高山险峰。一九三三年初，毛主席把基督教教会医院改为第一个中央红军医院，从长汀搬到相距五十里的江西瑞金。傅医生受毛主席委托当了红军医院的院长。从此离乡背井，向过去告别，奔赴未来的革命征途。一九三四年九月底，傅医生从瑞金出发，参加举世闻名的二万五千里长征，越过万水千山，在革命的熔炉中长期经受熔铸和锤炼。

在延安，负责毛主席保健的傅医生，每天到毛主席居住的窑洞里去探望一次。一九三八年五月的一个下午，毛主席请傅医生留下来坐一会儿。毛主席深深地注视着他，那眼神里包含着对旧社会过来的知识分子多少关怀和信任！毛主席严肃地说：傅连暲同志，我看你可以入党了。你的历史，我可以证明。去找组织部同志谈谈吧。傅医生激动得热泪盈眶。这个愿望埋在他心底至少十年多了。自从陪同毛主席在北山松林里散步开始，不论是在瑞金，在长征途中，或是到了延安以后，他心灵深处的土壤中，有一粒种子悄悄地在生根发芽：有朝一日，要争取入党。可是他总觉得自己的缺点很多，对自己要求越严，他就越不敢把自己的心愿向党倾吐。毛主席一眼看出这是知识分子的通病。主席说，对己对人都要按唯物辩证法办事嘛。重要的是继续革命，在改造客观世界的同时改造主观世界。这些话给傅医生带来无穷的力量和勇气。他默默宣誓，绝不辜负伟大的党和伟大领袖毛主席的教育和期望！为了共产主义事业，他愿献出自己的一切，甚至他的生命！

傅医生经历了民主革命和社会主义革命，是老一辈无产阶级革命家都熟悉的一位著名老医生。他忠于党，忠于毛主席，不畏强暴，敢于和林彪一伙作斗争。党内的阶级敌人对他恨之入骨。一九六八年三月中旬的一个深夜，"四人帮"的同伙林彪死党，竟然对他下了毒手。这个童年时被迫给英国牧师挤牛奶的医院院长，几十年来舍己为人，救死扶伤，为人民做了不少工作的傅连暲同志，就这样献出了他不平凡的战斗的一生。

当秋天黄昏来临的时候，长汀城中的北山上，松风呼啸不已。是回忆，是怀念，还是呼唤？当年毛主席和傅医生在山上散步时，必定说过不少意味深长耐人寻味的话，现在只能永远留存在青山苍松之间了。

（选自 1978 年 8 月《人民日报·战地增刊》）

作者简介：何为（1922.4～2011.1），原名何振业，浙江定海人，当代著名散文家。主要作品有散文集《临窗集》《织锦集》《北海道之旅》《何为散文选》《何为散文荟萃》《何为散文选集》等。散文《第二次考试》曾入选全国高中语文课本。

登云骧阁

张胜友

站在长汀县城水东桥上北眺乌石山，那临江而立、险峰耸峙的峭壁上，几株拔地而起的参天老樟树，繁茂的叶冠拥托出一片飞檐古阁——雄犄的翘角，朱红的栋梁，衬映在淡蓝的天幕下，倒映在清碧的汀江里，山光水色，伟丽多娇。这就是驰名闽西的汀州八景之一：云骧风月。同时，它又是一座革命的小楼。伟大领袖和导师毛主席，当年就在这小楼上，亲手创建起中央苏区第一个"三结合"县级红色政权：长汀县革命委员会。如火如荼的斗争风云，更增添其雄伟气势，使它永远耀然于光荣史册上，成为亿万人民群众衷心景仰的革命圣地。

我们怀着敬慕之情，跨过桥头，沿着鹅卵石铺砌的小巷，缓步而上，一座建筑奇巧、工艺精美的阁楼，突兀在眼前：红土围墙，石拱楼门，幽雅的庭院里浓荫蔽日，两尊形如巨狮的乌石，雄踞阁前，时值凉秋八月，乌石上一丛葱郁的夹竹桃，灿如云锦的花朵缀满枝头，向来访者露出粉红的笑脸。翘首仰望，门楼牌顶一行奇雄遒劲的大字赫然入目：云骧阁。就是这座阁楼，镶嵌着毛主席闪光的足迹，留传下动人心弦的斗争史话。

一位陪同我们参观，当年曾在云骧阁前为革委会扛枪站岗的老赤卫队员，手指烟波浩渺的汀江，汹涌翻卷的浪涛，把我们的思绪带到那早已逝去的遥远年代……

　　1929年1月，为粉碎国民党军对井冈山第三次"会剿"，高举工农武装割据的旗帜，开辟新的革命根据地，扩大红色区域，毛主席卓识远见，同朱德、陈毅同志挥戈下井冈山，统率红四军主力部队，千里转战。3月14日毛主席神机布雄兵长岭寨首战告捷，一举歼灭郭凤鸣混成旅，击毙土著军阀郭凤鸣。红四军浩浩荡荡，分别从宝珠门、惠吉门长驱直入汀州府。灾难深重的汀城人民，搭彩门，挂红灯，盼到了大救星，迎来了红太阳。

　　其时，毛主席头戴八角红星帽，身穿粗布灰军装，脚蹬草鞋，迎风屹立在汀江岸畔，以无产阶级革命家的雄才大略，纵观历史风云，作出

● 云骧阁

了在国民党混战初期，以闽西赣南20余县一大区域为范围，用游击战术，放手发动群众，以达到工农武装割据，深入土地革命，建立工农政权的英明决策。在这戎马关山的战争岁月，毛主席朝迎晨曦深入码头、工厂、田间，与工人、农民打成一片，召开各种类型的调查会，亲自掌握第一手资料；夜伴油灯，找地下党干部促膝谈心，宣讲建立自己政权的重要意义，教育干部联系群众，服务工农。为促进红色政权早日诞生，毛主席运筹帷幄，夙夜辛劳。在广泛发动群众，召集工会、农会和各行各业群众团体代表会议的基础上，毛主席亲自提议和主持了红四军前委扩大会，正式批准成立长汀县革命委员会。

那是多么光荣而永志不忘的日子，多么欢欣鼓舞的时刻，满山杜鹃开放着火焰般的花朵，浩浩汀江跳跃着一簇簇金波银浪。九名地下党代表、九名民众代表、三名红军代表，佩戴着绣有金星锤镰——象征"枪杆子里面出政权"的鲜红的革委会袖章，健步登上云骧阁，幸福地围拥在毛主席身旁。毛主席屹立楼台，神采奕奕，俯瞰莽莽群山、汩汩汀水，俯瞰屋瓦接堞的汀州城垣，发出震撼寰宇的最强音。就在毛主席这无比珍贵的挥手之间，革命委员会隶属的军事部、宣传部、财政部、土地部、内务部、妇女部同时成立了。当委员们从毛主席手里接过朱红大印时，激动的泪水，禁不住夺眶而出……千百年来，祖祖辈辈当牛做马，饱受压迫、凌辱的劳苦工农呵，终于在大救星毛主席的领导下，举锤砸碎铁锁链，粗手执掌印把子。从此，云骧阁高举起的战旗，迎风飘展在汀江岸畔——长汀县革命委员会，成为领导20多万长汀人民，跟随毛主席向旧世界勇猛进击的坚强战斗指挥部。

随着老赤卫队员深远的回忆和动情的联想，一幕幕威武雄壮的斗争史页，在我们眼里飞飘着，铺开去，交织组成波澜壮阔的革命历史画卷。

革委会庄严颁布"十大政纲"。公布《郭凤鸣十大罪状》，整个汀城卷起了红色狂飙：一队队肩扛枪矛大刀的工人、农民、士兵队伍；一行行剪掉髻子、获得翻身解放的妇女队伍，一排排挥舞彩旗、欢呼雀跃的儿童团队伍，跨过水东桥，穿越老古井，从四面八方会集到云骧阁前，聆听毛主席的亲切教诲，欢庆人民政权的新生，沉醉在一片胜利喜悦之中。

革委会隆重召开了第一次全体委员会议。这是一个月挂高天的春夜，云骧阁洒满银辉，二楼会议厅笑语飞扬，委员们围坐在毛主席的身边。恰似葵花朝向太阳，众星拱卫北斗。遵循毛主席"宣传群众，组织群众"的教导，会议做出了历史性的决议。于是，长汀县印刷、苦力、缝衣、店员、刨烟等五个工会相继成立了。于是，一个个工作队、宣传队，携带着工人同志日夜赶印的《红军第四军司令部布告》《苏维埃政权决议案》《土地决议案》等党的文件，紧密配合红军分兵游击，奔赴乡间农村，发动广大贫苦农民打土豪，分田地，焚烧债券田契，向封建地主阶级发起总攻。收拾金瓯一片，分田分地真忙。汀东南22个村镇，武装暴动的烈火冲天而起，土地革命的洪波巨浪，迅猛异常，席卷汀江两岸。

革委会宣布成立长汀县第一个工农赤卫队。在曙光初照的乌石山上，战旗翻飞，刀枪林立，赤卫队员戎装衣甲，肩扛毛主席亲自分发的钢枪，雄赳赳气昂昂来到云骧阁前，列队向革委会宣誓："用鲜血和生命，誓死保卫新生红色政权！"就在同一时刻，300多名汀江儿女，胸戴红花，热烈响应革委会"扩大红军，扩大苏区"的战斗号召，踊跃参加了红四军主力部队，跟随毛主席万里征战……

星星之火，可以燎原。继长汀县革委会成立之后，毛主席高屋建瓴，及时制订了"争取江西，同时兼及闽西、浙西"的宏伟方针。在转战闽赣期间，先后创建了于都、兴国、宁都、永定、龙岩等县革命委员会，并以此发展为中央苏区的21个县级苏维埃政权。

老赤卫队员说到这里，皱纹密布的脸上露出自豪的笑容，双眼放射出熠熠光辉。蓦地，只见他清清嗓门，一曲山歌脱口飞出：

苏区政权一枝花，

花根扎在穷人家，

跟着毛主席打天下，

红色政权遍中华！

　　激越的旋律，高亢的余音，汇入北山松涛，融进汀江浪花，引我们纵横驰骋在这彪炳千秋的革命历史画廊。

　　我站在云骧阁上，极目眺望：红旗的巨流，鲜花的巨流，人群的巨流，正穿过水东桥，涌向县革命委员会。英雄的汀江儿女呵，如同当年会集到毛主席身旁欢庆人民政权的新生时一样昂扬振奋。我的感情燃起了灼热的火花：革命——不正似浩浩汀江，一泻千里，百折不回！可笑"四人帮"这等鼠辈，妄图颠覆伟大领袖毛主席以及我们无限敬爱的周总理、朱德委员长等老一辈无产阶级革命家亲手开创的宏图伟业，阴谋篡夺党和国家的最高领导权，以求他们黄袍加身，"新桃换旧符"。然而，历史无情，螳臂当车，必将被时代的巨轮辗得粉身碎骨！

　　老赤卫队员抑制不住内心的喜悦，豪情满怀地说："今天的胜利，正是当年斗争的继续！"

　　说得多么好呵！

　　我飞步登上云骧阁楼台，久久凝视陈列大厅上的红色语录，情不自禁地高声诵读伟大领袖和导师毛主席万古传颂的至理名言："世界上一切革命斗争都是为着夺取政权，巩固政权。"

　　呵！云骧阁——红色的楼阁，光荣的楼阁，你抒写了何等光华灿烂的史章，昭示了何等辉煌壮丽的未来……

（选自《红土地散文选》）

　　作者简介：张胜友（1948.9～2018.11），福建永定人。曾任光明日报出版社总编辑，作家出版社社长兼总编辑，中国作家协会党组成员、书记处书记，中国作家出版集团党委书记兼管委会主任，中国报告文学学会副会长。出版《穿越历史隧道的中国》《破冰之旅》等报告文学12部；撰写《十年潮》《历史的抉择》等影视政论片25部（300集）。曾获全国优秀报告文学奖、徐迟报告文学奖、冰心散文奖。多篇作品入选大中学语文教材。

汀州散记

许怀中

汀江碧绿明净的江水，日日夜夜汩汩地奔流。

福建作家代表团来到闽西访问，先后到龙岩、永定、上杭、连城，又到了长汀。正是春深似海的季节。

红色摇篮诞生历史古郡

未到过闽西老区的人，想象中那里也许是片荒芜秃岭，土瘠河瘦，没有什么风光的"红土地"。其实不然。如果你读了元丰郡守陈轩的诗："一川远汇三溪水，千嶂深围四面城。花继蜡梅长不歇，鸟啼春谷半无名"，你又亲临长汀，才知道那是一个重冈复岭，深溪窈谷，山清水秀，花繁鸟语，风景优美的地方。

宋代《临江志》记载了汀州历史。后来的史料载：从唐开元二十四年到清末，长汀是闽西州、郡、路、府的治所，是政治、经济、文化的中心。

此处山川缭复，汀江贯城，枕山临溪为城，"阛阓繁阜，不减江浙中州"。国际友人曾称赞她是中国两个最美丽的小城之一。

在这历史的古郡，发生了天翻地覆的巨变：第二次国内革命战争年代，在这里诞生了红色革命摇篮。红四军首次入闽，在长汀建立苏区第一个红色政权，成立第一个中共福建省委、第一个省苏维埃政府、第一个省军区、第一个省工会、第一个青年团省委、第一所为红军服务的医院、第一个县级革命委员会。第一代革命家毛泽东、周恩来、刘少奇、朱德……都在这里点燃过熊熊革命火种。一九二九年秋，毛主席写下"红旗跃过

● 汀江

汀江，直下龙岩上杭"等诗句。次年七月，他又写下了名篇《蝶恋花·从汀州向长沙》。所有这一切的历史昭示：长汀是红军的故乡，赤色的城市，福建红色区城的首府，又是苏区经济中心——"红色小上海"。

我来到这里，才知道革命老区有如此之美丽。此处留下的历史文物、

革命遗迹有几十处之多。新的历史时期，制定了城市建设规划，保护建设历史文化名城，建设新区向城郊开发。我所看见的街区都具有宋明清江南客家建筑的风格。新区的宅和新兴工厂，在城郊井然有序。城里的金沙河，去年秋开始治理，疏通河道，开通引水明渠暗涵，砌堤筑岸，污水河变成清水河。

长汀，变得更加秀美。一场历史性的巨变在酝酿和躁动。

革命圣地和美不是互相排斥的，而是和谐地融为一体。

河田飘荡起绿色流韵

将近半个世纪前，毛主席写道："汀州市群众的问题是没有柴烧，……"特别是长汀的河田乡，群众烧柴问题，尤为严重。读过毛主席著作的人，这个问题也许经常缠绕心田，萦牵难散。

河田紧紧把我吸引住了。

原来，这一带水土流失已久，山地表层土质冲刷殆尽，母质裸露，粗砂积存，寸草难生。有人形容这里的山地为"火焰山"。由于长年水冲沙积，溪河阻塞，河比田高。因为树木不生，群众烧柴极为困难，"锅上不愁锅下愁"。这事曾经牵动着毛主席博大的心怀。

然而，她有过绿色的历史。据说过去这里叫柳村，山清水秀，树木茂盛。清王朝为剿灭太平天国农民起义军，在这里摆下战场，进行一场场厮杀和血战。古战场洒下的不仅是遍地残骸折戟，而且是一片废墟瓦砾。霎时树倒草枯，河水流淌浊泪。

战火纷飞的年代，顾不上治理。旧社会曾设立什么水土保持试验机构，形同虚设。解放后河田人民群众，寻求治贫之路，可惜也走得并不通畅。

春风吹绿江南岸。改革开放之风吹拂河田，党政领导多次深入河田调查，供应足够的烧煤，毛主席当年提出悬而未决的问题，始得解决。接着跨出综合治理的步子：先种草，以草促林。草、灌、乔一起上。草有马唐、园果雀、金色狗尾，多种多样。灌木有胡枝子、多花木蓝、六道木。乔木有黑荆、刺槐、南岭黄檀，名目繁多。我们看到的一九八三年种的澳大利亚黑荆树，已长到十多米高。它树干长瘦，叶子细如含羞草，可耐性强，生命力旺盛。去年春天，久违的白鹭已经飞回了。当我要离开河田，忽见一群群白色蝴蝶似的大鸟飞翔在林海绿波之上，这莫非就是飞回的白鹭？

河田，拥抱住了一片绿荫，飘荡着绿色的流韵。

登临云骧阁

云骧阁来自唐大历年间，立于汀江畔的乌石山上。她集奇山、碧水、古木、桥梁、楼阁之美，显出南方古代楼阁建筑的风格。第一个县级红色政权所在地，就设在这里。

此阁，接龙山，瞰龙潭，"恍若滕王阁，为鄞江杰观"。曾名"清阴""延清阁""集景楼"。绍兴年间，提刑刘公乔行郡，登而喜之，遂改为云骧阁。

登阁观看，是方形两层楼阁，飞檐凌空，翘角卷云，雄伟壮观。楼上一厅两间，四面走马楼沿开阔宽敞。我在楼沿凭眺，周围都是新楼房舍，旧貌换新颜。自古就有的玲珑剔透的奇石，依稀可见。状如卧龙的卧龙山脚，曾经是毛主席的故居。他在这里写下脍炙人口的诗篇和宏文。弯弯的山路，留下他和傅连暲散步的脚印。

换一个角度，可眺望汀江。潺潺流水，像在诉说江边古樟下住在这小楼的周总理当年的革命故事。溪中浮出的礁石上，妇女捣衣声隐约可闻，令人回想当时长汀妇女为红军浣衣的"万户捣衣声"的情景，母子意、夫妻爱、亲人情、战友谊，随荡声声捣衣声，掺和小溪淙淙的旋律，在如银的月光下，缠缠绵绵、柔婉细致、情意绵长，宛若一曲曲含蓄而又深情、隽永而飘逸的山歌情调，犹如留存心底永远回味不完的一段温馨旧梦……

197

云骧阁，历史的古楼，革命的名阁，像一盏在风吹雨浇中不灭的长明灯，勾起了后人多少遐想。

（选自 1991 年第 8 期《散文》）

作者简介：许怀中（1929.12～　），中国文联委员、中国作协理事，曾任福建省委宣传部副部长，福建省文化厅党组书记、厅长，福建文联主席，厦门大学教授。著有散文集《秋色满山楼》《年年今夜》《芬芳岁月》《许怀中散文新作选》及鲁迅研究专著等。

长汀，我带不走的缱绻

蔡益怀

"红旗跃过汀江，直下龙岩上杭。"

我是在中学读毛主席的这首《清平乐》时，知道长汀这个地方的，也因此，一直把那里想象成一个兵燹之地。后来，偶尔从旅游书籍上得知一个叫路易·艾黎的外国人把她形容为"中国两个最美的小城之一"，于是又有了另一番想象，一直暗藏着去走走看看的心愿。

一到长汀，那个美丽的幻象就破灭了，街上人多车多，市容也不是想象的那么古意盎然。这就是长汀吗？失望之余，心想时移世易，何事不时过境迁，何物不烟消云散？今天的长汀已经不是当年的古城，以前鳞次栉比的明清民宅早已成片成片地消失，代之而起的是一座座我们在每个城市都看得见的混凝土楼宇。它变得跟每一座中国的小城一样，面目模糊，唯独没有自己的特色。

不过，我很快就发现，这座古城有一种气场，是久违的老旧中国的气息，那就是人气。我似乎一下子回到了一个自己十分熟悉的生活环境，那是普罗民众的栖息之所，置身其中，让人有一种踏实又安心之感。

到长汀前，就听说这里山清水秀，豆腐特别好，当然也出靓妹子。此言不虚，抵埠当晚，我们就吃到了美味的客家餐。我本来就喜欢吃豆腐，所以匙羹老往那四方的木匣子里伸,还有那皮薄肉嫩、入口即化的白斩鸡,以及炒得香喷喷、松软适度的米粉,都让大家赞不绝口。

晚饭后,一行人相约游夜市。走出酒店就是汀江,跨河的廊桥亮起了灯,像一道虹桥将古城装点得分外亮丽,一下子让我想起凤凰古城的夜色。廊桥的灯影倒映在江水的柔波中,流溢着橘红的光彩,有几许秦淮桨声灯影的余韵,这应该就是美丽古城在光电科技下焕发的梦幻光彩吧。步上廊桥,机车如梭,人头攒动,小贩的叫卖声此起彼落;桥的栏栅是旧式的设计,坐满了乘凉的居民,老人、主妇,还有青春少艾,喁喁交谈,一派闲适的神情。夜幕下的廊桥街市,如香港的平民夜总会,展示着这边城活色生香的光景。我们走进江边的一座商城,里面灯火辉煌、

● 太平廊桥

灿如白炽，各式各样的手机、款式新颖的时装，应有尽有；食品也是琳琅满目，当地的土产如米粉、笋干等，都包装成礼盒装的"闽西八大干"。

这座有"客家首府"之称的小城，确实是有些历史的，文庙、城隍庙、天后宫等古建筑都保留了下来。我们来到古城楼三元阁，城门洞里设有两排贴墙的长凳，坐满了乘凉的长者；登上城楼，是一批中年妇女跳着这些年在内地很流行的广场舞。想想内地一些城市的古迹，一旦有利可图成了收费的旅游景点，就不再是市民消遣的地方了。而从设置两排长凳这样的细节，再看到老人们沐着城门洞的穿堂凉风，以及城楼上那些妇女的舞姿，不免让人对这人性化的市政管理暗自赞许。我想看到的风情就是这种平民生活的景象。

经当地文友马卡丹的指引，我们来到仍完整保留了明清民居的店头街。木骑楼的古建筑挂着红灯笼，悬着各式布幡，古意犹存，让人兴致益然。画像店的墙上挂满了老式的黑白炭笔画，闻说客家人崇宗敬祖，许多家庭都会悬挂先人的画像，所以这些店铺的生意仍应接不暇。一路逛下去，酒肆、食店、书斋，一间紧挨一间。从居民不徐不疾的自若神态，也不难想象祖业的庇荫给了他们一种超然自得的安适。在一座民居的院子里，我们看到一棵 600 年的铁树，枝干遒劲、绿叶蓊郁，如蕉叶般盛放，都说铁树是富贵树，它该见证了一个家族多少代的繁衍？

店头街的尽头是古城墙。长汀的古城墙虽然比不上西京、南京的巍峨厚实，却自有特色。我们拾级而上，沿着一段重修的城墙漫步，看汀江两岸的风光，倒也能领略到"一川远汇三溪水，千嶂深围四面城"的旧貌。

虽然只是走马观花地浏览，但一路走来已让我对长汀有了不一样的感受。抗战时期，国立厦门大学迁到了长汀，以文庙、万寿宫为校舍，在极其艰苦的条件下继续办学，培养了一批又一批大学毕业生。这里曾是大师云集的地方，马寅初、华罗庚、李四光、王亚南、施蛰存，个个都是耀眼的巨星，可想这里的人文积淀是多么的丰厚，我们也就不会奇怪为什么这片土地出了那么多作家、学者，如北村、李西闽、谢友顺等等。这是一座有丰厚历史的边城。我想，她有不同于其他城市的风貌，正在于她自身的气度，她不需要像别人那样急于展示堂皇，炫耀自己的富有，她只是自得又自足地守护着自己固有的一种生活方式和态度。这就叫自信。

在离开长汀前，同行的黄维樑教授告诉我，他从酒店的窗口看到有人在汀江洗衣服。我好奇地走到江边，可不，好几个妇女蹲在水中的石板上浣衣。这是我多少年没见到的田园景象！时光好像一下子倒流百十年，我好像回到了童年生活过的地方，竟有一种说不清道不出的兴奋和欣慰——这不就是我正在寻找的中国吗？这不就是我那回不去的原乡吗？

长汀一下子留住了我的心，虽然我不得不转身离去，但我已暗中许下一个愿，我还会再来，谁也不用惊动，只需要撑着一把伞，独自徜徉在汀江畔的古巷里。

（载《光明日报》2013 年 8 月 2 日第 16 版）

作者简介：蔡益怀（1962～ ），福建石狮人。香港艺术发展局文委会主席，香港作家联会副会长。著有小说集《随风而逝》、文论集《想象香港的方法》等。

长汀风韵

童大焕

源远流长的一条江，丝毫不改它自由奔放的天性，时而温驯，时而狂野，推波助澜，从远古逶迤而来；风里雨里一只船，高扬着一杆猎猎作响的大旗，穿云破雾，沿历史的长河往上溯，往上溯，越远越清晰，定格在记忆无岸的深处。

这是千百年来，人称"客家母亲河"的汀江。它的上游，坐落着客家人的发祥地之一、客家首府、一个驻守千年历史承受百年风霜的中国历史文化名城——长汀。你或许看到过，或许欣赏过，从历代文人的诗里、从画家的画里、从电影里。夕阳西下，炊烟升起。这是最动人心魄的景致了。每当这时，便有母亲唤归的声音，从缥缈的云端传来。无论你是短笛牛背的牧童，还是漂洋过海的游子，仿佛都听见那亲切的呼唤，隐隐约约，又千真万确。此时的古城，已然将自己陶醉在"十里稻花香、桑榆燕子梁"的吉祥氤氲里。而当你风尘仆仆不远万里投入她的怀抱，万家灯火已经恭候多时了，夜半钟声在楼高北极的卧龙山上、君临天下的古城中央悠悠响起，无论你在古城的哪个角落，那雄浑苍老的金属声都会丝丝扣入你的心弦。那是历史的回声吗？还是有什么在召唤？信步走进狭长逼仄九曲回肠的市井小巷，冷不防就会踩响古圣贤的跫音，稳健、苍凉、空寂又辽远。多少先人就是从这里走出去，远涉江南江北、大海重洋，到异国他乡去建功立业的！至今他们的影子还在这古巷里衣袂飘飘。

想不到，历史和文化就在你一瞬的顿悟间找到了完美的结合点。其实，何止是夜半钟声、古巷跫音，这里的一砖一瓦、一山一石、一草一木，哪里不打上文化的烙印，哪里不印上历史的履痕？无论是云骧风月、无论是朝斗烟霞、无论是府学阴塔、无论是唐柏双荫……久久伫立在府学阴塔前，触目惊心的一行字映入眼帘："此塔以镇文风……"尊师重教是长汀的传统，千百年世潮风云人间烟雨，唯此塔独立不迁万古如新！你不能不对长汀这片土地上古往今来的人们油然而生深深的敬意。我尤其不能不佩服今天的长汀人，佩服他们在现代化城市建设中表现出来的气魄和胸襟。巍巍古城墙，恢宏的文庙、博物馆、教堂……各种文物古迹无一不是在其原来的黄金宝地上修葺一新，一些曾被其他后来居上的建筑所取代的古迹也一一恢复了原貌，欣欣然注视着千年古城的沧海桑

● 恢复原貌的古街区

田、旧貌新颜。历史和文化没有被现代化的高楼大厦踩在脚下、夷为平地、变成废墟，却宛若镶嵌在现代化新城市变迁中熠熠生辉更显风流！显然，这需要远见，需要自信，需要宽容和胆量。未来可以创造，历史却不可重复。几十年光阴一挥而过，当年那个新西兰人路易·艾黎他老人家如果健在，看到今天这样的情景，一定还会情不自禁喃喃地重复他说过的那句话："中国有两个最美丽的小城，一个是湖南的凤凰，一个是福建的长汀。"

作家简介：童大焕，福建长汀人，当今国内最活跃的时评人之一，重庆邮电大学移通学院大焕城市化战略研究院院长。北京大焕智库咨询有限公司、大焕财智书院、大焕雅赏创办人。

最美长汀

杨鹏

　　长汀，这个据说是中国最美的山城，是我的故乡。十八岁之前，这个巴掌大的小城，代表了我能感知的世界的全部，这个小城之外的所有城市，对我来说，都只是概念，是一个个地图上存在着但我看不见摸不着的地名。

　　先从网上资料了解一下我的故乡："长汀，又名汀州，地处福建省西部，为闽赣两省的边陲要冲，是著名的革命老区。全县设 18 个乡镇，总人口 52 万人，总面积 3099 平方千米，是福建省第五大县。长汀为丘陵地形，属亚热带海洋性季风气候，年平均温度 18.3℃，最低气温零下 7.4℃，最高气温 39.4℃，年平均降雨量 1731.9 毫米，适宜多种粮食和经济作物的生长。长汀是国家历史文化名城、客家首府，著名的八闽汀州故地和福建古代文明发祥地之一。长汀从盛唐到清末均是州、路、府的治所，亦是客家人的主要聚居地，有'客家大本营'和'客家首府'之称，每年都有大批港、澳、台及东南亚各国的客家人来汀寻根。而绕城而过的汀江更被誉为客家人的母亲河。"从这些文字你可以看出，我的故乡是个气质温婉、历史悠久、祥和宁静的小城。事实上也的确如此，现在每每想到故乡，首先映入脑中的，是一些坐在门槛边的板凳上，手上拢着"火笼"（一种取暖工具），舒舒服服地晒着冬日暖阳的老人，他们刻满沧桑的脸上，弥漫的是知足和幸福的神情，一如罗中立的油画。

长汀留给我最深最全面的记忆，莫过于我家老宅——这是一个大得超乎住房紧张的都市人想象的院子，由我那当年生意做得相当成功、"文革"时被定性为"资本家"的曾祖父在20世纪40年代的时候建成。它是一幢非常典型的客家民居，继承了中原的府第式建筑风格，分前、中、后三个厅，厅与厅之间还有大大小小的、方形的天井。小时候，我最喜欢的事情是站在天井的中央，抬头仰望被切割成四方形的天空，想象自己是成语"坐井观天"里的那只青蛙。老宅的厢房很多，有十几间，是孩子们藏猫猫的绝佳场所，从前与邻居孩子玩游戏，一场就可以玩上一两个小时。老宅最让我觉得不可思议的是它竟然有一个专门存放易燃物品和枪支弹药的"火库"，听爷爷说，那是解放前为了防土匪用的，我不知道他说的是不是真的，不过，火库半尺厚的防火墙上，确实有许多小窟窿眼，把打鸟的气枪放进里面伸出去正合适。老宅还有闺阁绣花楼，

● 古色古香的汀州古街区

绣花楼上，建有典雅别致的"美人靠"弧形栏杆长椅。上小学时，我经常搬一把小竹椅，趴在"美人靠"长椅上写作业、画画、看书，直到天黑。老宅很大，容纳人居住的能力超级强悍。上大学时，我看《日瓦戈医生》的电影，里面有这么一个情节：十月革命成功后，日瓦戈的大宅子里，竟然住进了上百名衣衫褴褛的无产者。我马上想起了我家老宅：我出生在 70 年代，当时"文革"尚未结束，我家老宅里，就住了十多户"城市无产者"。我那时很奇怪我怎么会有那么多的邻居，而这些邻居为什么全都住到了我的家中来。80 年代初，邻居们陆续搬离了我家老宅，老宅因此变得旷大，有时说话大声点，甚至能听见回声。在我的童年记忆里，老宅子充满了古典的味道：从屋子的雕梁画栋，到古色古香的家具，甚至门上的老式铜锁，以及解放前遗留下来的台灯、德国钟、碗具……清一色是 20 世纪 30 年代风格。住在老宅里，就像住在根据张爱玲的小说拍摄的电影里。老宅中，有一口水井，在自来水出现之前，街坊们都到我们家来挑水。我十岁那年，有个小女孩在井边玩，还掉进井里过，幸好发现得早，被救上来了。离井不远的后院，种着一株宝珠茶树，听说是我曾祖父亲手栽下的，岁数比我们家所有人的年纪都大。春天，宝珠茶树会绽放一朵朵拳头大小、粉红色的茶花，满院飘香。我们这些不知怜香惜玉的孩子，经常将漂亮的花朵采下来揉碎了擦手，手上的余香，可以维持一整天；后院的墙上，刻着一幅长宽至少有三米、覆盖整面墙的书法作品——"龙飞凤舞"，据说是有身份的人家才可以拥有这样的雕刻，不过，在"文革"的时候，它被刷上了一层漆，改成了"毛主席万岁……"我家老宅，只不过是长汀城内成百上千幢老宅的一个缩影，被称为"长汀围屋"，它和客家土楼一样，是客家人聚族而居的"家族城寨"，记忆了历史的沧桑。

长汀城面积不大，从东到西，从南到北，步行半个小时就到头了。童年时，我并不觉得它小，但是到北京后，我才发现，我生活了十八年的长汀城，还没有京城的一些大学的面积大。但是，这却是一个麻雀虽小、五脏俱全的小城：它四面环山，城的四周地势平坦，是个盆地。在盆地的中央，一座山峰拔地而起，形状像只卧龙，名叫"卧龙山"。卧龙山边，一条名叫"汀江"的河流环绕半圈，穿城而过。毛泽东诗词"红旗越过汀江"，说的就是这条河。一般的河流都是向东流的，但这条河却特立独行——向南流，直通广东潮汕地区。这条河从前水流很大，可以通货船，一千多年前从北方狂奔而来的客家人之所以会选择此地建城，很重要的原因，也是因为这个水源。解放前，这条河也是汀州商人与外界联通的大动脉，长汀商业曾因此繁荣一时，被称为"小上海"。如今，从前的风光已难再现，但是，站在江边，眺望卧龙山，可见青山绿水、奇石老树、亭台楼阁……说不出的秀美和灵气，让人流连忘返。城的四周，有一座依山沿河修筑的青色古城墙，把半座卧龙山圈进城内，构成了挂壁城池，城内有山，山中有城的独特格局。古人曾用"一川远汇三溪水，千嶂深围四面城"来形容长汀之美。

　　长汀城内有数不清的小巷，像个庞大的迷宫。以前放学后，我在小巷里串来串去时，经常迷路。小巷两边的店面十分古老，有一条聚集着雕刻艺人的小巷，据说保留着明清时的风貌。儿时的我对艺人们雕刻的面目狰狞的金刚和神情威严的菩萨们既害怕又好奇，没事的时候就去看他们是如何一锉刀一锉刀地把一根什么都不是的木头雕成人形，并且栩栩如生。遗憾的是20世纪90年代中期的一场大火将这条在我看来可以和欧洲的百年老街相媲美的小巷烧了个一干二净，我只能在回忆中去寻找与它有关的点点滴滴；记忆中的长汀还有许多铺着错落有致青石板的小巷。最夸张的是，其中一条小巷，地面全用黑色的石块铺成，被称作"乌石巷"。农历三四月份，梅雨时节，如果打一把油纸伞，行走在这样的小巷里，你一定会体验到戴望舒《雨巷》的意境，你一定会有进入一幅水墨画中的恍惚之感。长汀城的许多地名都很诗意，比如有一座桥叫"枫桥头"，每次经过这座小桥时，我就会想起与它风马牛不相及的唐朝诗人张继的《枫桥夜泊》："月落乌啼霜满天，江枫渔火对愁眠。姑苏城外寒山寺，夜半钟声到客船。"傍晚时分，夕阳西下，风会捎来附近小山上寺庙里的钟声，把人带入梦一般的唐诗幻觉中。

长汀是座颇有历史的小城，它首先因为是"红土地"为世人所熟知——一个世纪以前，它接纳了朱毛红军，并成为为红都瑞金提供补给的经济重镇。红军的第一顶斗笠、第一身军装、第一顶军帽……都是从这里诞生的；红军的足迹渗透到这个小城的每一个地方，我家后面的一幢名叫"辛耕别墅"的围屋，是当年红四军入闽的司令部；我就读的中学"长汀一中"，是当年囚禁革命家瞿秋白的地方；农村里的许多老房子的墙上，还能看到当年红军留下的标语；我那个时代的孩子们，都会唱一首山歌："韭菜开花一竿心，剪掉辫子当红军"……红军的故事，像风一样在故乡流传。

故乡除了"红"之外，另一个特点是"古"——城区现有保存完好的唐代建筑古城门、三元阁、宝珠门，明代建筑朝天门，唐至明代的古城墙，宋代的汀州文庙，明清两代汀州试院以及唐代的双柏树，清代朱子祠等宝贵的历史文物。长汀县内还有一著名的文化奇观——双阴塔，它由八卦龙泉和府学阴塔组成。说它奇特，在于它和通常的塔形不同，它是倒立、呈井形存在的塔形。此塔上宽下窄，全部用大条石板作原料，每层用八块石垒砌，形成八卦形，自上往下，层叠有致，逐级收缩，像一座八角空心石塔，倒插入水中，井深十六米，井水与汀江龙潭水相通，俯视塔内，聚集在塔底的龙泉，清澈如镜，长年不枯，而且奇特罕见的八卦内形历历在目，令人叹为观止。传说塔底水中藏有蛟龙，常年在喷水吐珠，即使大旱之年也不枯竭，反而更显得甘甜清纯。古人的建塔目的在于希望汀州几县文才昌盛。这里还流传有一则传说：古时有一位外省籍人在汀州为官，因朝廷中另一位汀州籍的官员得罪了他。于是，他怀恨在心，图谋报复，便居心叵测地在城关东西的山上建了两座塔，遥遥相对，好像两把利剑镇住卧龙山的盘龙无法升腾。此计后被汀州人识破，便在与地上阳塔相对之处，各建一座地下阴塔，以阴制阳，以保护汀城卧龙腾飞，人文昌盛。传说是否真实无从查考，但长汀人重视教育却是有目共睹的——在长汀，你当官、你有钱，没人把你当回事儿，但是，你的子弟会念书，考的是名牌大学，成名成家，人人都竖大拇指称赞，有口皆碑。

长汀的历史，再往前推，可回溯至人类尚未出现的史前时代。我查到的有关资料是这么描述汀州历史的："长汀历史悠久，人文鼎盛，是福建新石器文化发祥地之一。四千年前，这里是古越族人休养生息的地方。全县现有二百多处新石器遗址。在大量出土的石器和陶器中，西周的陶印拍、商周的陶樽、唐代的多角盖罐、宋代的陶谷仓等，都属国家文物宝库中的珍品。"上中学时，历史老师范汝森先生经常带我们到观音土质的卧龙山和土地严重沙化的河田镇去考古，每次我们都斩获颇丰：经常能挖到一些贝壳、古代植物和远古鱼类的化石；有时，还能捡到许多宝贝，比如说古代打仗用的箭头、晋代的钱币、宋朝的瓷器、明朝石制的火炮……现在回想起来，化石和文物可以如此轻易地得到，仍然会觉得匪夷所思。

"美不美，故乡水；亲不亲，故乡人。"虽然久居京城，离家日久，但是，我仍然经常在梦中回到那条已经被烧毁的古街、行走在铺着黑石的"乌石巷"、走进包容了我的童年与少年时光的老宅、见到多年未联系的朋友以及离开这个世界的亲人……故乡，是我人生的一段记忆、一个符号、一场惦记、一幕背景……不管我走到哪里，它，都会刻骨铭心地烙在我的心中，让我时时想起，永难忘怀。

长汀，最美；最美，长汀！

　　作家简介：杨鹏，笔名雪孩，福建长汀人。著名儿童文学作家及少年科幻作家，中国首位迪士尼签约作家。中国社会科学院文学所副研究员，中国作家协会会员，北京作协儿童文学委员会委员，北京作协签约作家。出版作品100多部，计1000多万字，曾3次获中宣部"五个一工程奖"，代表作《装在口袋里的爸爸》。

主要参考文献

（宋）赵与沐纂《临汀志》，福建人民出版社 1990 年版。

（清）乾隆十七年修《汀州府志》。

黄凯元主修《长汀县志》，民国二十八年版。

长汀县方志委编《长汀县志》，生活·读书·新知三联书店 1993 年版。

长汀县方志委编《长汀县志》，中华书局 2006 年版。

长汀县政协文史资料委员会编《长汀文史资料》。

李文生、张鸿祥编《汀州览胜》，厦门大学出版社 1993 年版

汀州客家研究中心编《中国历史文化名城——长汀》，厦门大学出版社 2010 年版。

张鸿祥:《长汀县城关传统社会研究》，海外华人资料研究中心，2003年 11 月。

李文生、张鸿祥、何群编《守望客家》，海风出版社 2007 年版。

李文生、张鸿祥编《记忆家园》，海峡出版发行集团 2012 年版。

汀州客家研究中心编《大美客家山歌》，中央文献出版社 2015 年版。

后记

　　长汀是块神奇而又充满活力的热土，一千多年的历史沉淀孕育了丰富的客家文化，苦难辉煌铸就了厚重的红色基因。新中国成立后，特别是改革开放以来，在中国共产党的领导下，长汀客家儿女发扬"滴水穿石，人一我十"的长汀精神，以"进则全胜，不进则退"的大无畏的英雄气概，万众一心，奋力拼搏，披荆斩棘，治理水土，取得了辉煌成就，造就了美丽的生态文明。昔日的火焰山变成了花果山，荒山变成了绿洲，如今森林茂密，繁花似锦，瓜果飘香，实现了生态与产业齐飞，生态与民生并举。

　　"大美汀州"丛书的编纂工作正是基于此从 2015 年 10 月开始启动，终于付梓。值此纪念中国共产党成立 100 周年之际，谨以此丛书献给广大读者，以进一步弘扬中华优秀文化与中国共产党的优良传统和作风，不忘初心、继续前进，为实现中华民族伟大复兴的中国梦而努力。

　　丛书的编写是集体智慧的结晶。整套丛书的观点是参加讨论人员思想的相互碰撞、深入交流的成果。"大美汀州"系列丛书分为《历史名城》《客家首府》《红军故乡》《生态家园》《长汀映像》，各位作者分别从不同视角执笔撰写，诠释大美汀州。具体分工为：《历史名城》的主编为郭文桂，执行主编为李文生、张鸿祥；《客家首府》的主编为肖剑南，执行主编为李文生、付进林；《红军故乡》的主编为曹敏华、执行主编为李文生、张鸿祥；《生态家园》的主编为林红，执行主编为李文生、廖金璋；《长汀映像》的主编为叶志坚，执行主编为李文生、叶海文。

本书在编写过程中得到了许多领导的关心与支持，中共福建省委党校常务副校长陈雄指导了本丛书的撰写，副校长徐小杰组织教授专程来长汀共同探讨丛书的编写工作。中共长汀县委书记廖深洪、长汀县人民政府县长马水清十分关注丛书的编纂工作，提出要将这套丛书作为宣传长汀的一项重要工作来抓。具体由长汀县政协主席丘发添负责丛书的统筹协调，汀州客家联谊会会长李文生负责丛书的统筹和大纲的撰写。中共长汀县委党校、长汀县文体广电新闻出版局、汀州客家联谊会等单位为丛书的编纂提供了积极帮助。在此，让我们道一声：谢谢你们了！

我们尤为感谢福建省人大常委会原副主任谢先文和福建省人民政府副省长李德金倾情作序。

我们特别感谢社会科学文献出版社的编辑们对此丛书进行了认真的审阅，感谢他们辛勤的付出以及对本丛书写作和出版提供的大力支持。

长汀悠久的历史文化、璀璨的客家文化、光辉的红色文化、和谐的生态文化使"大美汀州"的映像呈现于世人面前，这是我们宝贵的精神财富，守护好这座精神家园是历史赋予我们的神圣职责。

由于我们的认知有限、经验不足，本丛书还有许多不足之处，期盼广大读者给予批评指正。

编者于长汀

图书在版编目（CIP）数据

历史名城 / 郭为桂主编 . -- 北京 : 社会科学文献
出版社 , 2021.6
（大美汀州）
ISBN 978-7-5201-3059-2

Ⅰ . ①历… Ⅱ . ①郭… Ⅲ . ①文化史—长汀县 Ⅳ .
① K295.74

中国版本图书馆 CIP 数据核字 (2018) 第 155115 号

· 大美汀州 ·

历史名城

主　　编 / 郭为桂
执行主编 / 李文生　张鸿祥

出 版 人 / 王利民
责任编辑 / 张建中

出　　版 / 社会科学文献出版社 · 政法传媒分社（010）59367156
　　　　　　地址：北京市北三环中路甲 29 号院华龙大厦　邮编：100029
　　　　　　网址：http://www.ssap.com.cn
发　　行 / 市场营销中心（010）59367081　59367083
印　　装 / 北京盛通印刷股份有限公司

规　格 / 开 本：787mm×1092mm　1/16
　　　　　印 张：14.75　字 数：192 千字
版　　次 / 2021 年 6 月第 1 版　2021 年 6 月第 1 次印刷
书　　号 / ISBN 978-7-5201-3059-2
定　　价 / 89.00 元

本书如有印装质量问题，请与读者服务中心（010 - 59367028）联系